Deutsch kombi plus 5

Differenzierende Ausgabe

Arbeitsheft
mit Medien

Ernst Klett Verlag
Stuttgart · Leipzig · Dortmund

Inhalt

Schreiben

Schriftlich erzählen

Personen, Gegenstände und Wege beschreiben

Briefe und E-Mails schreiben

Lesen

Texte verstehen

Sprache

Grammatik

Rechtschreibung

Überprüfe dich selbst

Klassenarbeitstraining

Tests zu Rechtschreibung und Grammatik

Anhang

Seite 278–279

Geschichten zu Bildern schreiben

Arbeitstechnik

V01

Eine Geschichte mithilfe eines Erzählplans schreiben

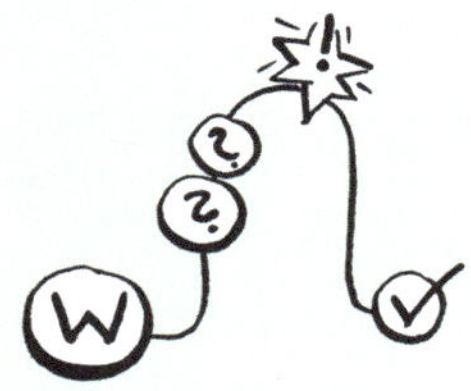

Ein **Erzählplan** hilft dir, deine Geschichte in einzelnen **Erzählschritten** in der richtigen Reihenfolge zu schreiben.

Dafür kannst du eine Tabelle nutzen, in der du zu den Teilen der Geschichte – **Einleitung**, **Hauptteil** und **Schluss** – Stichworte notierst.

- Beginne mit der **Einleitung**. Beantworte darin die **W-Fragen** Wann? Wo? Was? und Wer? Du kannst hier auch eine Hauptfigur beschreiben.
- Erzähle im **Hauptteil** deine Geschichte in mehreren **Erzählschritten**. Dabei erzählst du Schritt für Schritt in der richtigen Reihenfolge bis zu einem **Höhepunkt**, der die spannendste Stelle der Geschichte ist.
- Am **Schluss** löst du mit wenigen Sätzen die Spannung auf und klärst alle offenen Fragen.

○ **1** **Sieh dir die Bildergeschichte an. Gib dem Mädchen und dem Hund einen Namen.**

○ **2** **Ordne jedem Bild die passende Sprech- oder Denkblase zu. Notiere hinter den Sprechblasen die Bildnummern. Lies mit der richtigen Betonung, was das Mädchen sagt oder denkt.**

Guck mal, was du angerichtet hast! Was soll ich denn jetzt machen? Frau Korn hat heute Geburtstag, und ich wollte ihr Blumen mitbringen! ☐

Mein liebes Hündchen! Guck mal, ich habe dir deine Lieblingswurst mitgebracht! ☐

Oh, nein! Es war gar nicht der Hund! Und ich habe so mit ihm geschimpft! ☐

Wo sind denn die ganzen Blumen hin? Wer war das? Na warte! 1

Mann, bin ich wütend! Zur Strafe kriegt er heute kein Futter! ☐

Du gehst sofort ins Haus! Woher soll ich denn jetzt die Blumen für Frau Korn nehmen? ☐

○ **3** **Jetzt kannst du zu den Bildern auf Seite 4 eine Geschichte planen. Nutze dazu den Erzählplan und antworte in Stichworten.**

Erzählplan	Fragen	Antworten
EINLEITUNG Wie beginnt die Geschichte?	Wann ist deine Geschichte passiert?	keine Ahnung
	Wo ist deine Geschichte passiert?	im Garten und im Haus der beiden Figuren
	Was ist am Anfang passiert?	
	Wer erlebt etwas?	
	Wie sind diese Figuren?	
HAUPTTEIL Wie geht es weiter?	Was machen die Figuren?	
	Was passiert den Figuren?	
SCHLUSS Wie endet die Geschichte?	Gibt es ein gutes oder ein trauriges Ende?	
	Was genau passiert am Ende?	

Seite 278–279

○ **4** **Adjektive helfen uns, eine Geschichte interessant zu erzählen. Schreibe zu jedem der Bilder in Aufgabe 1 auf Seite 4 zwei Adjektive für das Mädchen sowie zwei für den Hund, falls er dabei ist.**

1 Mädchen: erschrocken, überrascht – Hund: fröhlich, übermütig

2 ____________________

3 ____________________

4 ____________________

5 ____________________

6 ____________________

○ **5** **Wenn du eine Geschichte schreibst, dann musst du oft darin aufschreiben, was die Figuren, Menschen oder Tiere sagen. Notiere zum Wortfeld SAGEN noch acht weitere Verben.**

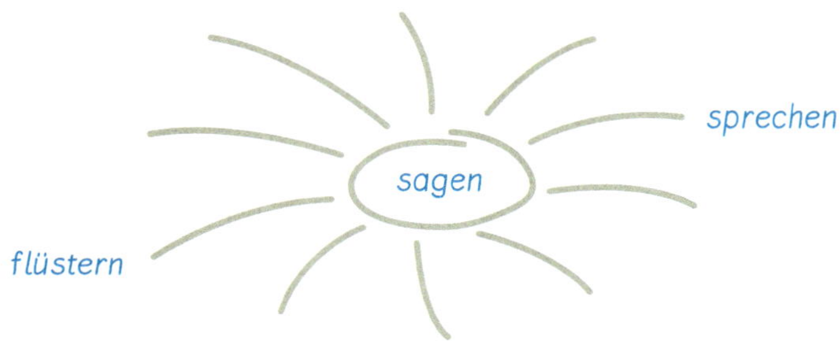

○ **6** **Schreibe nun die vollständige Geschichte vom Mädchen und seinem Hund auf. Gehe so vor:**
Starte mit der Ausgangssituation. Was will das Mädchen machen?
Beachte die W-Fragen und den Erzählplan.
Nutze die Sprechblasen. Schreibe in wörtlicher Rede, was das Mädchen denkt und spricht.
Beschreibe auch die Gefühle des Mädchens.
Vergiss nicht eine passende Überschrift für die Geschichte zu notieren.

○ **WEG A** **Schreibe jetzt deine Geschichte aus Aufgabe 6 aus der Sicht des Mädchens. Schreibe in der Ich-Form.**

WEG B / **WEG C** **Sieh dir die folgenden Bilder an.**

◒ **WEG B** **Verfasse nun zu dieser Bilderfolge eine Geschichte. Sammle zunächst in der Tabelle Ideen, was jeweils auf dem Bild passiert.**

Bild A	Bild B	Bild C
erste Tour mit dem neuen Mountainbike		

Schreibe nun mithilfe der Stichpunkte deine Geschichte.

- Beschreibe, wer, wann, wo, was macht. Du kannst auch schreiben, was „zwischen den Bildern" passiert, und weitere Figuren einführen.
- Vergiss nicht zu schreiben, was die Figuren jeweils fühlen, denken und sagen.
- Verwende die wörtliche Rede.
- Überlege dir eine passende Überschrift und schreibe sie auf.

● **WEG C** **Schreibe selbstständig zu diesen drei Bildern eine Geschichte auf ein extra Blatt.**

Seite 277

Eine Fantasiegeschichte schreiben

Arbeitstechnik

Spannend und lebendig erzählen

Um deine Zuhörer zu begeistern, musst du deine Geschichte spannend erzählen. Achte darauf, dass du die **Spannung langsam aufbaust**. Der Körperbau der **Erzählmaus** verdeutlicht den Aufbau einer spannenden Erzählung.

1. Führe in der Einleitung zum Hauptteil hin.
2. Gestalte den Hauptteil in mehreren Erzählschritten. Lass die Geschichte nach und nach **bis zum Höhepunkt spannender** werden.

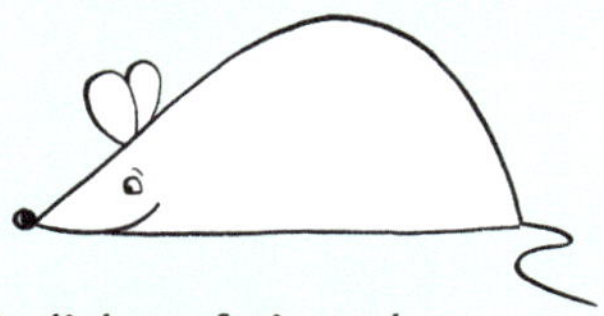

3. Baue Spannung auf, indem du
   - **Satzanfänge** wie plötzlich, auf einmal, gerade als … verwendest.
   - **treffende Adjektive** und **Verben** verwendest.
   - **Gefühle, Gedanken** und **Sinneseindrücke** beschreibst.
   - die **wörtliche Rede** nutzt.
4. **Löse** am Schluss die **Spannung auf**, indem du beschreibst, wie die Geschichte ausgeht.

○ **1 Lies den folgenden Text.**

Der Löwe Ludwig ist schon lange unglücklich im Berliner Zoo. Seine ganze Familie lebt in einem Zoo in Bayern. Darum hat er beschlossen, Berlin zu verlassen und nach Bayern zu gehen. Im Bayerischen Wald angekommen, steht er auf einmal vor einem großen Schloss. Hier beginnt deine Geschichte. Was erwartet Ludwig im Schloss?

○ **2 Der Löwe Ludwig schaut sich das Schloss von außen genau an. Wie stellst du dir das Schloss vor? Beschreibe es in drei Sätzen. Nutze die folgenden Adjektive.**

baufällig | dunkel | verwunschen | geheimnisvoll | riesig | verwinkelt | alt

____

____

____

○ **3** **Löwe Ludwig überlegt, wer wohl in so einem großen Schloss wohnen könnte. Ordne den Bewohnern die folgenden Eigenschaften zu. Nutze dazu die Tabelle.**

winzig | hübsch | höflich | frech | durchsichtig | gruselig | lautlos | pelzig | nett

Schlossbewohner	Eigenschaften
1 Prinzessin	
2 Mäuse	
3 Gespenster	

○ **4** **Wer könnte noch im Schloss wohnen? Ergänze in der Tabelle weitere Bewohner und passende Eigenschaften.**

○ **5** **Was erlebt Ludwig jetzt? Im Schloss wird eine Prinzessin von drei Gespenstern gefangen gehalten. Bringe die folgenden Erzählschritte für den Hauptteil in eine sinnvolle Reihenfolge. Sammle zu den Erzählschritten 1–6 (auf Seite 9 und 10) noch mehr Ideen.**

- ☐ In der Eingangshalle trifft er auf drei Gespenster.
- ☐ Die Gespenster verstellen ihm den Weg und wollen ihn mit einem Netz fangen.
- ☐ Die Prinzessin bedankt sich mit einem Kuss bei dem Löwen.
- ☐ Am Schluss verschwinden die drei Gespenster für immer.
- ☐ Ludwig hört die Hilferufe der Prinzessin aus dem Schlossturm.
- ☐ Ludwig überwindet die Gespenster und befreit die Prinzessin.

Erzählschritt 1:

Erzählschritt 2:

Erzählschritt 3:

Erzählschritt 4:

Erzählschritt 5:	Erzählschritt 6:

○ **6** **Um deine Geschichte in der richtigen Reihenfolge aufzuschreiben, kannst du den Erzählplan nutzen. Fülle die Tabelle aus.**

Erzählplan	**Ort**	**Figuren, Objekte, Tiere ...**	**Handlung, Gefühle**
EINLEITUNG			
HAUPTTEIL mit sechs Erzähl-schritten			
SCHLUSS			

○ **7** **Sieh dir die Erzählschritte im Hauptteil nun etwas genauer an, um herauszufinden, an welcher Stelle die Spannung am höchsten ist. Markiere dazu den passenden Erzählschritt in deinem Erzählplan.**

○ **8** Als der Löwe die drei Geister zum ersten Mal erblickt, hat er große Angst. Schreibe unten in die Gedankenblasen, was der Löwe in diesem Moment fühlen und denken könnte.

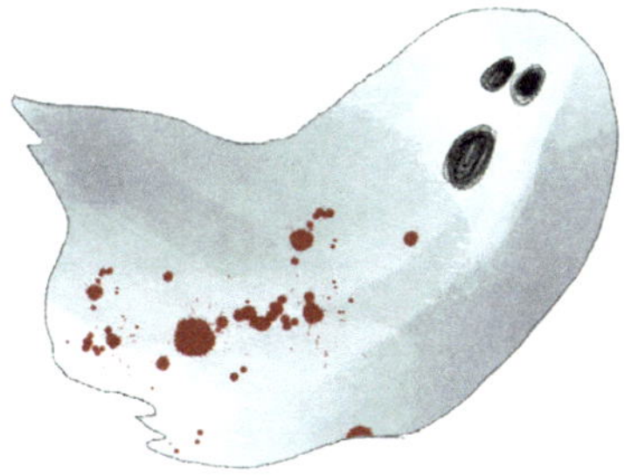

○ **9** Deiner Geschichte fehlt jetzt noch die Einleitung. Schreibe sie mithilfe der Aufgaben 1 und 2 auf Seite 8 auf einem extra Blatt auf.

○ **WEG A** Schreibe nun die Geschichte vom Löwen vollständig auf ein extra Blatt. Denke an Einleitung, Hauptteil und Schluss. Nutze dafür den Erzählplan in Aufgabe 6. Nutze verschiedene Verben und Adjektive.

◒ **WEG B** Schreibe nun die Geschichte vollständig auf. Gestalte Einleitung, Hauptteil und Schluss. Verwende wörtliche Rede für Sprache und Gedanken der Figuren. Verwende ein extra Blatt.

● **WEG C** Zeichne auf einem extra Blatt den Spannungsbogen der Geschichte von Ludwig dem Löwen. Beschrifte ihn. Schreibe dann die Geschichte selbstständig auf. Denke an die abwechslungsreiche sprachliche Ausgestaltung. Gib Äußerungen, Gedanken und Gefühle der Figuren wieder.

Tipp

Wenn du etwas geschrieben hast, möchtest du es auch vorlesen und wissen, ob es den Zuhörerinnen und Zuhörern gefallen hat. Sie sagen dir, was du gut gemacht hast oder woran du vielleicht noch arbeiten musst. Das nennt man Feedback geben.

Seite 16–17

Personen beschreiben

Arbeitstechnik

Einen Steckbrief schreiben

Ein **Steckbrief** gibt knapp und **stichwortartig Auskunft** über eine **Person**. Er enthält nur die wichtigsten Informationen.

1. Sammle **Informationen** über die Person. Stelle dazu Fragen (→ Wie alt bist du?) und notiere die Antworten.
2. Schreibe **die wichtigsten Stichworte** (→ Name, Geburtstag, Alter, Aussehen) an den Anfang.
3. Notiere weitere Stichworte, über die du informieren möchtest (→ Geschwister, Hobbys, Lieblingsessen …).
4. **Fülle** dann den Steckbrief **aus**. Formuliere die Informationen in Stichworten.
5. Ergänze ein **Foto** oder ein gemaltes **Bild** der Person.

Steckbriefe kannst du auch zu **literarischen Figuren** oder zu **Pflanzen** und **Tieren** schreiben. Dafür solltest du passende Stichworte finden (→ Lebensraum, Nahrung …).

○ **1** **Lies die Texte. Wähle die wichtigsten Informationen über jede Person aus und notiere sie auf Seite 13 oben.**

Ich heiße Anna. Mein Hobby ist Musik hören. Ich habe noch vier kleine Geschwister: eine Schwester und drei Brüder. Oft helfe ich den Kleinen. Bei uns zu Hause ist immer was los! Manchmal ist das ziemlich nervig, besonders wenn sich die Zwillinge streiten. Am liebsten esse ich Pizza.

Ich heiße Igor. Seit sieben Jahren lebe ich mit meiner Familie in Deutschland. Geboren bin ich in Russland. Mit Mama und Papa spreche ich Russisch. Die meiste Zeit verbringe ich am Computer. Ich bin aber auch gerne draußen und spiele Basketball.

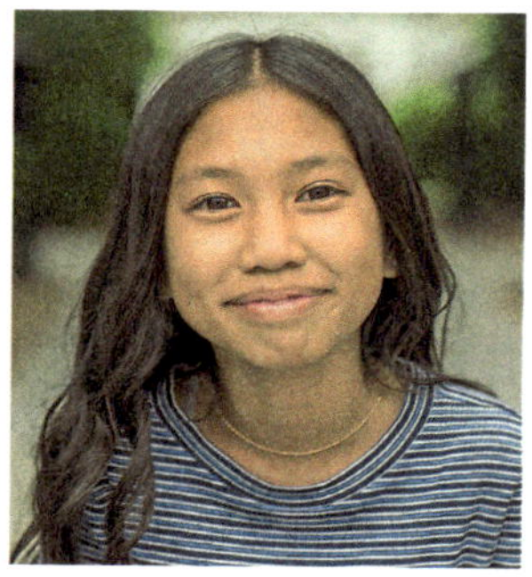

Mein Name ist Ismail. Das ist ein arabischer Name. Meine Mutter kommt aus Marokko. Aber dort war ich bis jetzt nur einmal in den Ferien. Zu Hause sprechen wir Arabisch. Zur Schule fahre ich mit dem Fahrrad. Nur im Winter laufe ich. Ich spiele gern mit meinen Freunden Fußball. Später will ich Fußballtrainer werden.

Ich heiße Anisa, aber alle nennen mich Nisa. Ich bin in Worms geboren. Das liegt am Rhein. Leider kann ich nur eine Sprache gut: Deutsch. Seit der 3. Klasse lerne ich Englisch. Ich mag Hunde und lese gern Fantasy-Bücher. Oft treffe ich mich auch mit meinen Freundinnen.

Sie heißt Anna. Ihr Hobby ist Musikhören. Sie hat ...

Sein Name ist Ismail.

Er heißt Igor.

Ihr Name ist Anisa.

○ **2** **Ergänze die Fragen, die du einem neuen Mitschüler oder einer neuen Mitschülerin stellen könntest.**

1. Welche Sprachen sprichst du?

2. Was machst du besonders

3. Welchen Beruf möchtest du

4. Wer gehört zu

5. Welches Haustier

7. Was liest

8. Welches Musikinstrument

○ **3** **Stelle dich selbst in einem Steckbrief vor.**

Das bin ich ...

Hier kann dein Foto kleben.

Vorname:

Haarfarbe:

Augenfarbe:

Größe:

Geburtstag:

Geschwister (Alter):

Hobbys:

Lieblingstier:

Lieblingsessen:

Was ich überhaupt nicht mag:

Seite 16–17

○ **WEG A** Lege einen Steckbrief zu einer Partnerin oder einem Partner an. Nutze die Fragen aus Aufgabe 2 (Seite 13) und notiere die Antworten aus diesem kleinen Interview. Danach gestalte den Steckbrief.

NOTIZEN

STECKBRIEF

◒ **WEG B** Schreibe einen Steckbrief zu einem Familienmitglied. Informiere zu mindestens zehn Fragen oder Punkten.

DAS IST MEIN / MEINE …

● **WEG C** Erweitere deinen eigenen Steckbrief von Seite 13 (Aufgabe 3), indem du fünf weitere Punkte ergänzt.

DAS BIN ICH (AUCH)

Seite 282

Gegenstände beschreiben

Arbeitstechnik

V02

Einen Gegenstand beschreiben

Um einen Gegenstand wiederzuerkennen oder wiederzufinden, musst du ihn genau beschreiben.

1. Mache dir **Notizen** zu:
   - Art und Name (eventuell Funktion)
   - Form
   - Größe
   - Farbe und Muster
   - Material
   - Einzelteile
   - besondere Merkmale
2. Schreibe mithilfe deiner Notizen einen **sachlichen Text**. Lasse Ausschmückungen, Gefühle und Eindrücke weg.
3. Wähle für deine Beschreibung **treffende Adjektive**.
4. Schreibe im **Präsens**.

1 **Lies über die folgende Situation.**

Numans neuer Schulrucksack ist weg. Er hatte am Mittwoch nach der Schule auf seinen Schulbus gewartet. Da es sehr heiß war, ließ er den schweren Rucksack einfach an der Haltestelle stehen. Direkt gegenüber war eine Eisdiele. Was sollte schon passieren? Numan holte sich also ein Eis. Als er zurückkam, war der Rucksack verschwunden. Der Busfahrer riet ihm, zur Polizei zu gehen.

2 **Damit die Polizei den Schulrucksack finden kann, muss er genau beschrieben werden. Sieh dir die Zeichnung an. Schreibe die passenden Begriffe an die Zahlen.**

1 Tragegriff ______
2 gepolsterte Schultergurte ______
3 ______
4 ______
5 ______
6 ______
7 ______
8 ______
9 ______
10 ______
11 ______

Seite 282

3 Trage alle Angaben zu Numans Schulrucksack in die Tabelle ein. Denke dir weitere Besonderheiten aus.

Merkmale des Gegenstandes	Angaben zur Beschreibung
Art und Name	
Form und Größe	*rechteckig und oben abgerundet; 33 Liter*[1]
Farbe und Muster	
Material	*Nylon und Polyester*[2]
Einzelteile	
Besonderheiten	

1 Größen werden bei Rucksäcken in Liter angegeben. Das nennt man Fassungsvermögen.
2 **Nylon**: Chemiefaser zur Herstellung von Kleidungsstücken; **Polyester:** Rohstoff zur Herstellung von Kunstfasern

Tipp

- Muster: gestreift, kariert, gepunktet …
- Materialien: Stoff, Leder, Plastik …
- Einzelteile: Reißverschluss, Henkel …

→ **WEG A** **Beschreibe Numans Rucksack mithilfe der Abbildung und der Tabelle. Nutze ein extra Blatt. Schreibe sachliche Sätze mit treffenden Adjektiven.**

→ **WEG B** **Schreibe eine Suchanzeige für den Rucksack, zum Aushängen in der Schule. Beschreibe alles treffend und genau, auch die Situation des Verlustes. (Wann? Wo? Wie?) Denke an eine Kontaktinformation.**

→ **WEG C** **Lies die folgende Suchanzeige und markiere ungenaue Angaben. Korrigiere sie und schreibe sie neu. Denke dir dafür die Angaben aus.**

Letzte Woche habe ich meine coolen Sportschuhe liegengelassen. In der Schule habe ich überall gesucht. Sie sind zwar alt, aber noch prima. Mein Opa hat sie mir zum Geburtstag geschenkt. Bin echt traurig. Das Material ist dunkel und vielleicht war der linke Schuh etwas kaputt, ich bin nicht sicher. Marke weiß ich nicht. Ruft mich an, wenn ihr sie findet, ja? Bis bald.

Wege beschreiben

Arbeitstechnik

Einen Weg beschreiben

Wenn du einen Weg beschreibst, solltest du Folgendes beachten:

1. Nenne den **Startpunkt.** → einen bestimmten Ort oder einen Straßennamen
2. Nenne das genaue **Ziel.** → einen bestimmten Ort oder einen Straßennamen
3. Suche dir eine **Wegstrecke** vom Startpunkt zum Ziel aus. Verwende einen Stadtplan oder eine Skizze.
4. **Achte** bei deiner Beschreibung **auf Folgendes**:
   - Nenne Orts- und Straßennamen.
   - Nenne auffällige Punkte als Orientierungshilfen. → Spielplatz, Park, Bahnhof …
   - Verwende Richtungsangaben. → rechts, schräg links, geradeaus, zwischen …
   - Beschreibe den Weg in der richtigen Reihenfolge.
   - Formuliere sachlich.
   - Schreibe im Präsens.

1 Sieh dir den Stadtplan an und lies die Wegbeschreibungen. Zeichne die fehlenden Gebäude ein.

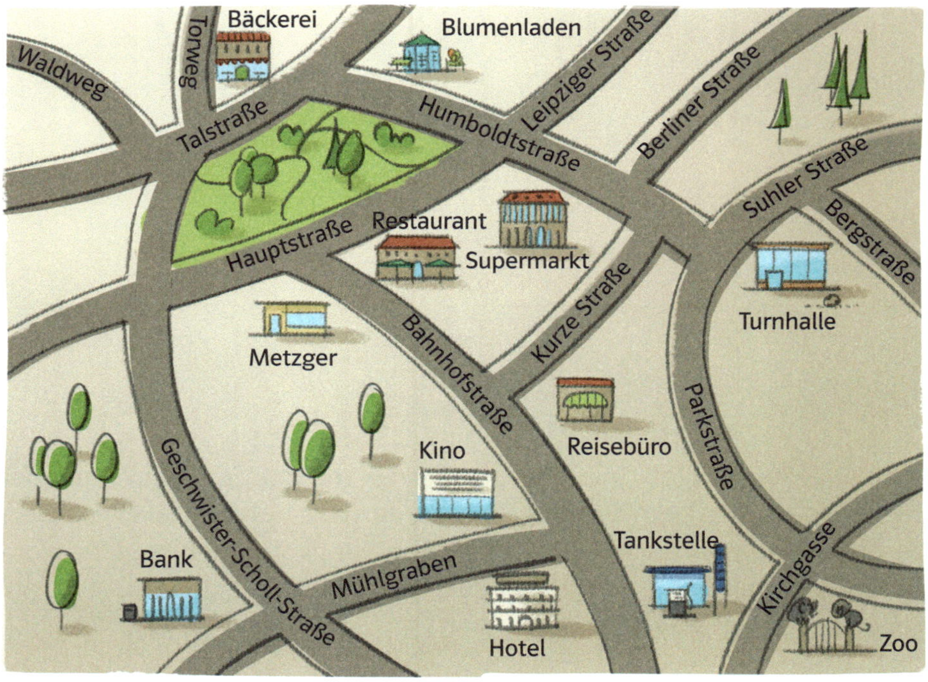

2. Der Kindergarten: Wenn du vom Theater zum Kindergarten möchtest, musst du rechts in die Bahnhofstraße gehen. Geh bis zur Hauptstraße geradeaus, biege dort links ab. Die nächste Straße musst du wieder rechts gehen. Auf der linken Seite ist der Kindergarten.

1. Das Theater: Du stehst vor der Bäckerei. Geh die Talstraße nach links, geradeaus bis zur Humboldtstraße. Biege rechts in die Humboldtstraße. Gehe am Supermarkt vorbei geradeaus bis zur Kurzen Straße, dort dann rechts. Das Theater ist gegenüber vom Reisebüro.

3. Die Schule: Vom Kindergarten zur Schule ist es weit. Du musst die Geschwister-Scholl-Straße ein kleines Stück zurückgehen und links in die Hauptstraße einbiegen. Geh diese bis zur Humboldtstraße. Biege dort rechts ab. Am Ende der Humboldtstraße musst du rechts in die Parkstraße. An der Parkstraße/ Ecke Kirchgasse ist die Schule auf der linken Seite.

WEG A Beschreibe den Weg von der Bank zum Blumenladen. Orientiere dich am Stadtplan.

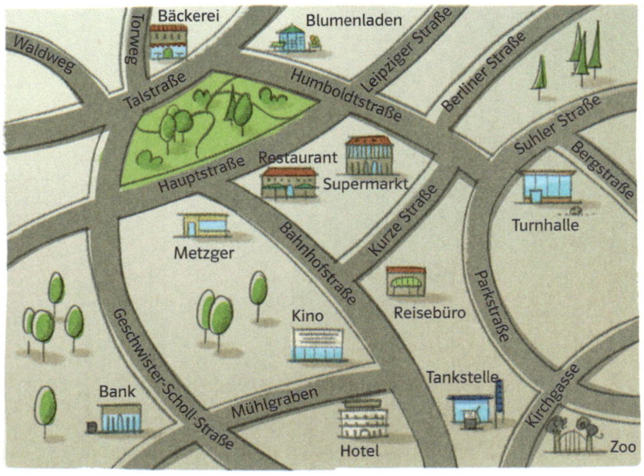

WEG B Beschreibe einen Fußweg zu dir nach Hause, zum Beispiel von der Schule, vom Training, von der Pizzeria. Entscheide den Startpunkt. Dann verwende Richtungsangaben wie NACH LINKS, GERADEAUS... Nenne wichtige Straßen, Plätze oder Gebäude. Schätze die Entfernungen oder Minuten.

Mein Weg beginnt *Von dort aus gehe ich zuerst*

WEG C Zeichne einen Ausschnitt deines Stadtteils oder deines Wohnortes. Zeichne auch dein Zuhause und andere Gebäude ein. Markiere dann ein Ziel, das du magst, zum Beispiel das Eiscafé oder den Zoo. Beschreibe den Fußweg von euerm Haus bis dorthin. Für die Skizze kannst du auch ein extra Blatt benutzen, falls der Weg weit ist.

Seite 283

Persönliche und offizielle Briefe und E-Mails schreiben

Arbeitstechnik

V03 V04

Offizielle und persönliche Briefe / E-Mails schreiben

Es gibt unterschiedliche Arten von Briefen und E-Mails.

Offizielle Briefe und E-Mails schreibt man an Personen, die man nicht so gut kennt, z. B. an die Bürgermeisterin.

Persönliche Briefe und E-Mails schreibt man z. B. an eine Freundin oder einen Freund, die Oma oder die Eltern.

	offizieller Brief / offizielle E-Mail	persönlicher Brief / persönliche E-Mail
Anredeformel	Sehr geehrte Frau … Sehr geehrter Herr …	Hallo … Liebe(r) …
Grußformel	Mit freundlichen Grüßen … (vollständiger Name)	Liebe Grüße … Herzliche Grüße … (Vorname)
Anredepronomen	Sie, Ihr, Ihre, Ihnen	du, dir, dich, ihr, euch

○ **1** **Trage die Anredeformeln in die nachfolgende Tabelle ein.**

Hallo Björn,

Hi, ihr Lieben,

Sehr geehrter Herr Direktor,

Sehr geehrte Frau Dr. Schulze,

Sehr geehrte Damen und Herren,

Lieber Herr Walter, Liebe Lola,

	offizieller Brief	persönlicher Brief
Anredeformel		

Seite 283

○ **2** **Trage die Grußformeln in die Tabelle ein.**

Mit herzlichen Grüßen | Küsschen, dein/deine … | Liebe Grüße | Lass es dir gut gehen! | Ich verbleibe mit freundlichen Grüßen. | Bis bald! | Tschüss

	offizieller Brief	persönlicher Brief
Grußformel		

○ **3** **Lies die E-Mail und den Brief und vergleiche beide miteinander.**

Von: thilo@mail.de
An: silke@mail.de
Betreff: Viele Grüße

Senden

Hallo Mum, hier kommt ein E-Mail-Gruß von mir. Wir sind gerade in einem Internet-Café. Unser Trainingslager ist irre hart ☺, aber super. Wir haben viel Spaß. Mach dir keine Sorgen, es geht mir gut. Die Erkältung ist wirklich vorbei, ehrlich! Ich muss jetzt Schluss machen, es gibt gleich Essen. Kuss. Thilo

Brief des dreizehnjährigen Wolfgang Amadeus Mozart (1756–1791) an seine Mutter

Allerliebste mamma! *Wirgl, Dezember 1769*

Mein Herz ist völlig entzücket aus lauter Vergnügen, weil mir auf dieser reise so lustig ist, weil es so warm ist in dem wagen und weil unser gutscher ein galanter[1] kerl ist. Welcher, wenn es der weg ein bischen zuläßt so geschwind fahrt. Die reisebeschreibung wird mein papa der mama schon erkläret haben, die ursache daß ich der Mama geschrieben ist, zu zeigen, daß ich meine schuldickeit weis, mit der ich bin in tiefsten Respect ihr getreuer sohn

Wolfgang Mozart

1 galant: besonders höflich, freundlich

◒ **4** **Welche Unterschiede sind dir zwischen der E-Mail und dem Brief aufgefallen? Schreibe sie auf.**

WEG A **Schreibe einen Brief an ein Familienmitglied. Berichte von deiner letzten Reise oder Klassenfahrt. Schreibe auf ein extra Blatt, denke an Anrede und Grußformel.**

WEG B **Ergänze die E-Mail einer Schülerin der 5a an die Kriminalkommissarin Frau Müller-Sieberick. Trage die fehlenden Pronomen ein.**

Von: Jazmin@jazmin.com
An: s.mueller@kommissariat.de
Betreff: Schutz vor Vandalismus

Senden

Sehr geehrte Frau Müller-Sieberick,

wie __________ bestimmt wissen, gab es an unserer Schule einen Vorfall von Vandalismus. Wie __________ bekannt ist, haben die Täter __________ Wut oder Langeweile bei uns abreagiert und unsere schöne Schulwand beschmiert. Wir, die Schüler der 5a, hatten diese Wand vorher bemalt und uns dabei viel Mühe gegeben. Haben __________ unsere Bilder mal gesehen? Da __________ ja von der Polizei sind, haben wir uns gedacht, dass __________ uns vielleicht weiterhelfen können. Haben __________ eine Idee, wie wir unsere Bilder schützen können? Wir möchten __________ gerne zu einem Gespräch einladen und __________ erzählen, was wir uns schon überlegt haben. Hätten __________ Zeit, zu uns zu kommen?

Herzliche Grüße
__________ Jazmin aus der 5a

WEG C **Kinder der 5b haben an ihren Schulleiter geschrieben. Welcher Brief passt am besten? Begründe. Markiere und korrigiere in beiden Briefen die Stellen, die nicht so gut funktionieren.**

A

Lieber Herr Bungert,

Sie müssen uns helfen. Unser Klassenzimmer wird von den großen Schülern zerstört und unordentlich gemacht. Bitte schicken Sie die 6. Klassen in einen anderen Raum. Ich warte auf Ihre Antwort.

Mit freundlichen Grüßen
Alina (5b)

B

Hallo Herr Bungert,

wir, die Schüler der 5b, haben eine Bitte an Sie. Unser Klassenzimmer wird immer wieder von anderen Schülern und Klassen verwüstet. Wir geben uns viel Mühe mit der Dekoration und halten unser Zimmer sauber. Aber in der Mittagspause kommen andere Schüler in unseren Raum und vermüllen ihn und machen unsere Sachen kaputt, weil unser Zimmer dann der Aufenthaltsraum für die 6. Klassen ist. Wir möchten Sie deshalb bitten, einen anderen Raum für die 6. Klassen zu suchen.

Vielen Dank!
Ihr Jonas aus der 5b

Sachtexte lesen und verstehen

Arbeitstechnik

V05

Mit dem Leseschlüssel einen Sachtext lesen und verstehen

Um einen Sachtext gut lesen und verstehen zu können, kannst du folgende Technik nutzen.

Vor dem Lesen

- Sieh dir die **Bilder** an.
- Lies die **Überschrift**.
- **Vermute**, worum es in dem Text gehen könnte.

Beim Lesen – erstes Lesen

- **Lies** den Text.
- Verschaffe dir einen ersten **Überblick**.

Beim Lesen – zweites Lesen

- **Lies** den Text genauer.
- **Gliedere** den Text in Sinnabschnitte.
- Erfasse die **wichtigsten Informationen** in jedem Abschnitt.
- Schreibe die **wichtigsten Wörter oder Wortgruppen** aus jedem Abschnitt heraus.
- Kläre **unbekannte Begriffe** mithilfe eines Lexikons oder des Internets.
- Finde zu jedem Abschnitt eine **Überschrift**.

Nach dem Lesen

- **Fasse** den Inhalt **zusammen**.
- **Prüfe**, ob deine Vermutungen zutreffend waren.

○ **1** **Lies die Überschriften und sieh dir das Bild an. Vermute, worum es in dem Text geht.**

A01

Das Königsmanteltier

Ein Tier mit diesem Namen gibt es nicht. Aber die Aussage stimmt: Das Hermelin wurde wegen seines weißen Winterpelzes mit der schwarzen Schwanzspitze früher viel gejagt. Die Pelze durften nur zu Mänteln für Könige verarbeitet werden.

Aussehen

Hermeline sind **Raubtiere** und gehören zur **Familie der Marder**. Sie werden **auch Wiesel genannt** und besitzen – wie alle Marder – einen schlanken, lang gestreckten Körper mit kurzen Beinen. Von der Nasenspitze bis zum Po **messen Weibchen 25 bis 30 cm, Männchen hingegen bis 40 cm**. Hinzu kommt die Länge des Schwanzes von acht bis zwölf Zentimetern. Ein männliches Hermelin wiegt 150 bis 345 Gramm, ein Weibchen nur 110 bis 235 Gramm.

Im Sommer ist das Fell der Hermeline **oben braun** und an den Seiten und **am Bauch gelblich-weiß**. Die Schwanzspitze ist dunkel. **Im Herbst** fallen die braunen Haare aus und dickere, längere **weiße Haare wachsen nach**. Trotz der schwarzen Schwanzspitze ist das Hermelin bei Schnee gut getarnt. In Gebieten mit milden Wintern bleibt das Fell braun.

Heimat

Hermeline leben **in ganz Eurasien** von Nordspanien über Frankreich, England, Skandinavien, Russland und Sibirien **bis** in die Mongolei, **zum Himalaya und zur Pazifikküste**. Auch im **nördlichen Nordamerika** sind sie verbreitet. Im Mittelmeergebiet leben sie jedoch nicht.

Lebensraum

Hermeline kommen **in den verschiedensten Lebensräumen** vor: Sie leben an Feldrainen, Hecken und Waldrändern, in der Tundra ebenso wie in der Steppe und in lichten Wäldern, aber auch im Gebirge bis in 3400 m Höhe oder in Parks. Sogar in der Nähe von Siedlungen sind sie zu finden.

Rassen und Arten

Vom Hermelin gibt es **nur eine Art**. Ihm **ähnlich ist das Mauswiesel**, welches jedoch viel kleiner ist. Seine Körperlänge beträgt nur 18 bis 23 cm. Außerdem ist die Grenze zwischen brauner Oberseite und dem weißen Bauch nicht gerade, sondern gezackt. Es lebt in fast denselben Gebieten wie das Hermelin, kommt aber auch im Mittelmeerraum vor.

Lebenserwartung

Hermeline können bis zu zwölf Jahre alt werden, **meist** leben sie nur **sechs Jahre**.

○ **2 Lies den Text und verschaffe dir einen ersten Überblick. Was ist das Thema? Wähle aus.**

a Der Vergleich von Hermelin und Mauswiesel
b Das Hermelin, sein Aussehen und Vorkommen
c Wie das Hermelin aussieht und was es frisst

◒ **3 Lies nur die fett gedruckten Wörter im Text. Beantworte danach folgende Fragen schriftlich:**

1. Von welchem Tier handelt der Text? ______
2. Wie groß (lang) werden die Tiere? ______
3. Welche Besonderheiten weist das Fell auf? ______
______
4. Wo leben die Tiere? ______
______
5. Wie viele Arten der Tiere gibt es? ______
6. Wie alt werden die meisten Tiere? ______

○ **4 Lies den Text nun genau und kreuze die richtige Antwort an.**

1. Im Mittelpunkt des Textes steht
- ☐ das Mauswiesel
- ☐ das Hermelin
- ☐ der Steinmarder

2. Wie sieht das Sommerfell aus?
- ☐ ganz weiß
- ☐ ganz braun
- ☐ braune Oberseite mit gelblichweißem Bauch

3. Wie sieht das Winterfell aus?
- ☐ ganz braun
- ☐ braun/weiß
- ☐ ganz weiß mit schwarzer Schwanzspitze

4. Wo lebt das Tier nicht?
- ☐ im Mittelmeergebiet
- ☐ in Sibirien
- ☐ im Gebirge

5. Wie viele Arten gibt es?
- ☐ zwei
- ☐ eine
- ☐ vier

◒ **5 Im Text über das Hermelin stehen einige schwierige Wörter. Versuche zuerst selbst herauszufinden, was sie bedeuten. Du kannst manche Wörter zerlegen. Versuche es an den folgenden Beispielen.**

Königsmanteltier → *enthält die Wörter Königsmantel (König + Mantel) und Tier = ein Tier mit einem Königsmantel*

Winterpelz (Z. 3) → ______

Schwanzspitze (Z. 4) → ______

Raubtiere (Z. 8) → ______

Lebensraum (Z. 33) → ______

Waldränder (Z. 36) → ______

Körperlänge (Z. 47) → ______

Seite 264–266

○ **6** **Wenn du die Bedeutung der Wörter nicht selbst herausfinden kannst, dann schlage sie im Wörterbuch nach oder überprüfe sie im Internet. Gehe so vor:**

1. Bilde die Grundform: getarnt → tarnen (= Infinitiv)
2. Wörterbuch: Sieh unter dem ersten Buchstaben (T) nach, dann unter dem zweiten (A), dann unter dem dritten (R) usw.
   Internet: Gib den Begriff in eine Suchmaschine ein.
3. Schreibe die Bedeutung auf.

die **Tan|nen|na|del** der –, die Tan|nen|na-deln
die **Tan|te** der –, die Tan|ten
die **Tan|ti|e|me** [*franz.*; tantjeme] der –, die Tan|ti|e|men (1. Gewinnbeteiligung; 2. Vergütung für Schriftsteller und Musiker für die Aufführung oder Veröffentlichung ihrer Werke)
der **Tanz** des Tanzes, die Tän|ze
tän|zeln (tänzerische Bewegungen machen), du tänzelst, er hat getänzelt, er

der **Ta|rif** des Tarifs, die Ta|ri|fe (festgelegte Löhne, Preise, Gebühren)
ta|rif|lich
der **Ta|rif|lohn** des Tariflohn(e)s, die Ta|rif-löh|ne (ein von den Gewerkschaften und den Arbeitgebern ausgehandelter Lohn)
der **Ta|rif|ver|trag** des Tarifvertrag(e)s, die Ta|rif|ver|trä|ge
tar|nen du tarnst dich, er hat sich getarnt, sie tarnte ihr Versteck
die **Tar|nung** der –, die Tar|nun|gen
die **Tar|tan|bahn** der –, die Tar|tan|bah|nen (Kunststoffbahn in Sportanlagen)
die **Ta|sche** der –, die Ta|schen

T U V W X Y Z

getarnt (Z. 24) → ______________________________

Eurasien (Z. 27) → ______________________________

Feldrainen (Z. 35) → ______________________________

Tundra (Z. 36) → ______________________________

Lebenserwartung (Z. 55) → ______________________________

◒ **7** **Lies nun den Text auf Seite 22 ein weiteres Mal. Notiere dir die wichtigsten Informationen aus jedem Abschnitt in der Tabelle.**

Abschnitt	Informationen
1. → Aussehen	______________________________ ______________________________
2. → Heimat	______________________________ ______________________________
3. → Lebensraum	______________________________ ______________________________
4. → Rassen und Arten	______________________________ ______________________________
5. → Lebenserwartung	______________________________ ______________________________

○ **WEG A** Formuliere fünf Informationen über das Hermelin schriftlich in Sätzen.

◒ **WEG B** Schreibe alle Informationen zum Hermelin in einem zusammenhängenden Text. Verwende deine eigenen Worte.

● **WEG C** Schreibe eine Zusammenfassung des Textes zum Hermelin auf ein extra Blatt. Mache dir dann hier Notizen zu einem Kurzvortrag. Lege den Aufbau fest.

Seite 269

Märchen lesen und verstehen

Arbeitstechnik

V06

Merkmale von Märchen

Bei vielen Märchen findet man folgende Merkmale:

- Die meisten Märchen spielen in der **Vergangenheit**.
- **Zeitpunkt** und **Ort** der Handlung sind meist **ungenau**.
- Sie haben meist einen typischen Anfang → „Es war einmal in einem fernen Land …“ und einen typischen **Schluss** → „Und wenn sie nicht gestorben sind, dann leben sie noch heute“.
- Es treten typische **Märchenfiguren** auf → König / Königin, Prinz / Prinzessin, Müller, Gesinde.
- Die **Hauptfigur** (Mensch oder Tier) muss ein **Abenteuer** bestehen.
- Es kommen gegensätzliche Figuren oder Tiere vor (**gut – böse**).
- Es gibt oft **magische Figuren** oder **Dinge** → Hexen, Zauberer, Gegenstände mit Zauberkräften.
- Besondere **Sprüche** oder **Zahlen** sind häufig wichtig (→ drei Wünsche, „sieben auf einen Streich“, zwölf Brüder).
- Meist **siegt** am Ende das **Gute** und das **Böse** wird **bestraft**.

○ **1** **Lies das Märchen und beantworte dann die Fragen zum Inhalt auf der nächsten Seite.**

A02

JANOSCH ERZÄHLT GRIMMS MÄRCHEN

Der Fundevogel

Eine Frau war im Wald eingeschlafen, da kam ein Bussard von oben und raubte ihr Kind. Er nahm es mit in sein Nest und zog es auf wie seine eigenen Kinder. Er lehrte es fliegen wie ein Bussard. Er lehrte es sehen wie ein Bussard und lehrte es, ein König zu sein wie ein Bussard. Und bald war's so, dass der Junge auch aussah wie ein Bussard. Freilich konnte er nicht ganz so gut fliegen wie sein Vater. Konnte auch nicht ganz so gut sehen wie sein Vater, und so geschah es einmal, dass ein Förster, der im Wald auf der Jagd war, ihn fing. Er nahm ihn mit nach Haus, und weil er aussah wie ein Vogel und der Förster ihn ja gefunden hatte, nannte er ihn den „Fundevogel“.

Der Förster aber hatte eine Tochter. Die beiden wuchsen zusammen auf, wurden zusammen größer, und bald konnte einer ohne den anderen nicht mehr leben. Das Mädchen teilte sein Essen mit dem Fundevogel und lehrte ihn sprechen: „Verlässt du mich nicht, verlass ich dich auch nicht.“ „Verlässt du mich nicht, verlass ich dich auch nicht“, sagte der Fundevogel.

Nun zeigte sich bald, dass der Fundevogel unter den Federn ein schöner Junge war. Aber weil die Mutter des Mädchens es nicht wissen durfte, sprachen sie nur miteinander, wenn niemand es hörte.

„Verlässt du mich nicht, verlass ich dich auch nicht!“

„Verlässt du mich nicht, verlass ich dich auch nicht!“

Die Mutter des Mädchens konnte den Fundevogel nämlich nicht leiden. Jeden Tag gab sie ihm etwas weniger zu fressen und schimpfte, wenn sie sah, dass ihre Tochter ihr Essen mit dem Vogel teilte. Und wenn es niemand sah, haute die Mutter dem Fundevogel eins von hinten an den Kopf. Darüber ärgerte sich der Fundevogel, und heimlich, wenn niemand es sah, lehrte er das schöne Mädchen fliegen. Freilich lernte sie es nie so gut, wie ihr Fundevogel es konnte, aber von Tag zu Tag ging's etwas besser. Es verging die Zeit. Das Mädchen wurde immer schöner, und der Fundevogel wurde immer stärker.

„Verlässt du mich nicht, verlass ich dich auch nicht“, sagte das Mädchen.

Und der Fundevogel sagte: „Verlässt du mich nicht, verlass ich dich auch nicht.“

Und dann eines Tages, in aller Frühe, flogen der Fundevogel und das Mädchen davon, bauten sich ein Nest auf einem hohen Baum und lebten dort glücklich wie im Paradies.

Welche magischen Figuren kommen vor?

Sind die Figuren gegensätzlich?

Wie endet das Märchen?

Welcher besondere Spruch wird verwendet?

○ **2 Ordne die Bilder in der Reihenfolge des Märcheninhalts. Nummeriere sie dazu.**

○ **3 Markiere nun im Text auf Seite 26 alle Handlungsorte. Notiere in Stichworten, was dort geschieht.**

Wald:

WEG A Schreibe die Geschichte vom Fundevogel als Ich-Erzählung aus der Sicht des Mädchens. Achte darauf, dass du die Abfolge der Orte einhältst.

Eines Tages brachte mein Vater, der Förster, einen Jungen …

Wir verstanden uns …

Seite 269

Bald versprachen wir uns: „...

Meine Mutter aber...

Das war mir egal. Ich ...

Es reichte. Eines Morgens sehr zeitig ...

Wir bauten uns irgendwo ...

WEG B **Schreibe die Geschichte aus der Perspektive des Fundevogels.**

WEG C **Lies den folgenden Anfang eines türkischen Märchens. Überlege dir, wie die Geschichte weitergehen könnte. Schreibe sie spannend bis zum Schluss. Gestalte alles im Märchenstil, Zauberei ist erlaubt! Verwende ein extra Blatt.**

Das Töpfchen

Es war einmal, und es war auch nicht. In früheren Zeiten lebte eine arme Frau mit ihrer Tochter. Die Mutter strickte Tag für Tag Socken, das Mädchen aber verkaufte diese auf dem Basar. So verdienten sie, was sie brauchten. Eines Tages hatte die Mutter wieder gestrickt und die Socken dem Mädchen gegeben, damit hoffentlich alle auf dem Markt ihre Kunden finden. Vom Geld aber kaufte das Kind diesmal statt Brot einen kleinen Topf, der ihm angeboten wurde. Der Tochter gefiel er so sehr! Sie gab all die Münzen hin und bekam das Töpfchen.

Als sie nach Hause kam, war gar kein Essen mehr da, und in der Hand hatte sie nur das leere Töpfchen. Die Mutter wurde traurig, ja wütend und laut. Sie warf den Topf schließlich einfach auf die Straße. Am Abend legten sich beide hungrig schlafen ...

Seite 270

Jugendbuchausschnitte lesen und verstehen

Arbeitstechnik

103

Sich schnell über den Inhalt eines Buches informieren

1. Lies den **Titel** des Buches.
2. Sieh dir das **Cover** genau an (→ Farben, Bilder, Text).
3. Lies den **Klappentext**.
4. Schlage das Buch auf und lies ein **kurzes Stück**.
5. Stelle **Vermutungen** darüber an, wovon die Geschichte handeln könnte.

1 **Überlege, was dir wichtig ist, wenn du ein Buch auswählst. Ordne zu.**

Titel | Klappentext | Buchcover | Seitenzahl | Bilder im Buch | in das Buch „hineinlesen" | Thema | Meinung anderer

für mich wichtig: ______________________

nicht so wichtig: ______________________

____

2 **Wähle ein Buch aus, das du gelesen hast. Erzähle kurz, wovon es handelt. Schreibe, was dir gefallen hat. Empfiehlst du es weiter?**

____

____

____

____

____

3 **Lies das folgende Gespräch und den Klappentext des Buches auf Seite 30. Beantworte dort die Fragen.**

Ben: Mensch, Lena! Was hast du denn heute für eine miese Laune?
Jenny: Erzähl, was ist passiert?
Lena: Ach, lasst mich doch alle in Ruhe!
Ben: Wir haben doch gar nichts gemacht. Man wird ja nochmal fragen dürfen?!
Lena: Hm, ja, Entschuldigung. Das Wochenende war schrecklich. Meine Familie nervt total. Nirgends habe ich mal meine Ruhe, nicht mal auf dem Klo!
Jenny: Dann ist es bei dir ja fast wie in dem Buch, das ich gerade gelesen habe.
Ben: Was denn für ein Buch?
Jenny: Es geht um ein Mädchen, Leonie. Sie ist gerade mit ihren Eltern, vier Brüdern und der kleinen Schwester in ein kleines Haus gezogen. Es ist immer laut und nirgends hat sie ihre Ruhe. Deshalb sucht sie sich ein Versteck am Bach, wo sie Max trifft.
Lena: Und weiter?
Jenny: Max ist Einzelkind und wird von seinen Eltern kaum beachtet. Ihm ist oft langweilig und er findet Leonies Familie cool. Die beiden schmieden einen verrückten Plan. Aber mehr verrate ich nicht, das müsst ihr schon selber lesen.

Seite 270

Klappentext

Was passiert eigentlich, wenn zwei Kinder beschließen, die Familien zu tauschen? Geht doch gar nicht? Und ob das geht! Max und Leonie haben es ausprobiert. Jetzt hat Max endlich jede Menge Brüder zum Rumtoben und Leonie hat endlich Zeit, um in Ruhe jede Menge Bücher zu lesen. Das ist der Plan! Ganz klar, dass bei dieser Geheimaktion nicht alles so funktioniert wie vorgesehen.

Was ist mit Lena los?

Was sagt Jenny über das Buch?

Welchen Plan haben Max und Leonie im Buch?

4 **Lies den folgenden Textausschnitt aus dem Buch „Gefährliche Kaninchen“ von Kirsten John.**

A03

Leonie in Max’ Familie zu schmuggeln, ist leicht. Zunächst einmal stellt Max seine Freundin den Eltern vor mit den Worten: „Das ist Leonie und sie liest gern.“ Max’ Mutter sieht von ihrem Buch auf und ist erfreut. Max’ Vater sieht auch von seinem Buch hoch und sagt auch, dass es ihn freut. Dann gehen Max und Leonie hoch in Max’ Zimmer, um die Bücher anzuschauen, die sie allesamt lesen kann.

Leonie staunt über das Haus. Und über die Treppen mit ihrem geschnitzten Geländer, auf dem man sicher gut rutschen kann. An den Wänden hängen Diplome und andere wichtig aussehende Schriftstücke, dazwischen, ganz bunt und verloren, eine Kinderzeichnung von Max. Oben gibt es ein Badezimmer für Max ganz alleine, weil im Schlafzimmer seiner Eltern auch noch eins ist. Sein Zimmer ist riesig und von dem Bücherregal muss sich Leonie erst einmal erholen.

„Mann“, sagt sie. „Du hast mehr Bücher als die in der Bibliothek.“

Es ist Max ein bisschen peinlich und er hätte ihr gern erklärt, dass er sie gar nicht alle gelesen hat, aber er weiß nicht, wie. „Die sehen noch so neu aus.“ Leonie zieht andächtig eins heraus und liest den Rücken, dann stellt sie das Buch zurück. „Ihr seid wohl sehr reich“, sagt sie und dreht sich zu Max um. „Nein, das Haus ist geerbt“, erwidert der. „Kannst du alle lesen, aber du musst es öffentlich tun, damit sie sich gewöhnen.“

„Sie“ sind seine Eltern und Max und Leonie befinden sich in „Phase eins“, der Eingewöhnungsphase. Tatsächlich gucken seine Eltern erstaunt, als die beiden kurze Zeit später wieder herunterkommen, sich zu ihnen ins Wohnzimmer setzen und beide ein Buch aufschlagen.

Max’ Mutter kräuselt die Stirn. „Was soll das denn, Max?“

„Was genau?“ Max blickt von seinem Buch hoch und tut ganz unschuldig. „Was macht ihr beiden hier?“ „Wir lesen.“ „Das sehe ich auch. Wollt ihr nicht lieber etwas spielen? Mensch-ärgere-dich-nicht oder so? Was man zusammen halt so macht?“ „Wir lesen zusammen. Das geht nämlich“, sagt Max und beugt sich wieder über sein Buch. In Phase eins, die ganze drei Tage dauert, liest er so viel wie sein ganzes Leben zuvor nicht. Phase eins in Leonies Familie verläuft ganz an-

ders. Schon bei der Vorstellung geht alles drunter und drüber. „Das ist, nun bleib doch mal stehen, das ist meine kleine Schwester Larissa. Wir nennen sie aber nur Issa, weil sie darauf besteht. Sie kann schon sprechen. Und beißen übrigens auch. Das dahinten ist Lukas, nein Lars, nein, doch Lukas. Das sind die Zwillinge. So furchtbar ähnlich sehen sie sich gar nicht, nur von Weitem, hör auf, nach mir zu werfen. Lars, das stimmt! Das hier ist mein echter Bruder Tristan, schon gut, du bist auch echt, Lars, hör jetzt auf! Ich sag's Mama! Und dann hätten wir da noch Georg, der ist wahrscheinlich oben, der ist schon fünfzehn und der Älteste. Und meine Mutter hast du ja gerade kennengelernt.“ Sie seufzt.

Max sieht an sich herunter. Leonies Mutter hat ihnen mit der Wasserpistole aufgelauert und jetzt ist sein T-Shirt vorne klitschnass. Ein Versehen, hat sie sich entschuldigt, und Max hat sich gefragt, worin das Versehen genau bestand: Ihn nass gespritzt zu haben? Überhaupt jemanden oder den Falschen erwischt zu haben? Auf jeden Fall findet er es klasse: Er hat noch nie eine mit einer Wasserpistole bewaffnete Mutter getroffen! Überhaupt sieht Leonies Mutter einfach ... einfach cool aus, es gibt gar kein anderes Wort dafür.

Sie hat rote, stoppelige Haare und dieselben Sommersprossen wie ihre Tochter und sie lacht ständig. Auch wenn etwas schiefgeht. Wenn Larissa, die nur Issa genannt werden will, ihr ein Toastbrot an den Kopf wirft oder so.

Lukas und Lars sehen sich sehr ähnlich, auch aus der Nähe, findet Max, und sie sind total nett und zeigen ihm sofort ihre sämtlichen Nintendospiele. Tristan hat sogar eine PSP und Grand Theft, von dem seine Mutter anscheinend nicht weiß, dass das Spiel erst ab achtzehn ist. Georg ist der Coolste von allen. Er ist ein „Emo“, das heißt, er zieht sich schwarz an und hört komische Musik, ansonsten ist er genauso aufgekratzt wie der Rest der Familie. Der Rest bis auf Leonie.

Sie steht inmitten dieser absolut tollen Familie und sieht aus wie erfroren. Und die Mitglieder ihrer Familie verhalten sich, als wollten sie sie eigenhändig auftauen. Zumindest fassen sie sie ständig an. Knuffen, schubsen oder tätscheln sie, sie wird geküsst und geherzt, gestupst und gestreichelt, beworfen und ausgekitzelt. Und Max gleich mit. (...) Manchmal hat er das Gefühl, mitten in einem großen Knäuel Menschenhände zu stecken, und er findet das Gefühl toll.

„Vielleicht sind wir bei der Geburt vertauscht worden und haben erst jetzt unsere richtige Familie gefunden“, sagt er ein wenig atemlos, als er sich an der Tür von Leonie verabschiedet.

„Ja, vielleicht“, antwortet sie und verzieht hilflos das Gesicht.

5 Beantworte folgende Fragen in Stichpunkten.

Wann und wo spielt der Ausschnitt? ______________________________

Wer spielt mit? Wer ist verwandt? ______________________________

____

____

Seite 270

○ **6** **Beantworte die folgenden Fragen in Stichworten.**

Was findet Max an Leonies Familie toll?

Was ist der Unterschied zwischen beiden Familien?

○ **WEG A** **Findest du die Geschichte „Gefährliche Kaninchen" interessant? Würdest du sie gern weiterlesen? Oder nicht? Begründe deine Meinung in zwei bis drei Sätzen. Welche Figuren gefallen dir besonders gut?**

WEG B Schreibe eine Inhaltsangabe zum Ausschnitt aus „Gefährliche Kaninchen“. Ergänze diese durch deine eigene Meinung über diesen Text. Begründe deine Position.

WEG C Schreibe eine Buchrezension zu „Gefährliche Kaninchen“. Nutze dafür den Klappentext und den Textauszug. Vergiss nicht den Titel und die Autorin zu nennen. Beschreibe den Inhalt und notiere deine eigene Meinung. Begründe diese.

Seite 271

Gedichte lesen und verstehen

Merke

Inhalt von Gedichten

Gedichte beschreiben meist **Stimmungen (Atmosphären), Gefühle, Eindrücke**. Unsere Sinne werden angesprochen (sehen, hören, riechen…). Sie schenken uns Bilder, eine Überraschung oder einen Spaß.

Form von Gedichten

Gedichte sind besondere Texte. Sie spielen mit der Sprache. In oft wenigen Zeilen wird viel ausgedrückt. Sie wirken durch ihren **Klang** und ihren **Rhythmus**, ähnlich wie Musik. Oft helfen dabei **Verse, Strophen oder Reime**.
Ein **sprachliches Bild** oder ein neu erfundenes Wort sind wie ein Geheimnis, das wir entschlüsseln können.

1 Lies das folgende Gedicht.

A04

Erwin Moser

Gewitter

Der Himmel ist blau
Der Himmel wird grau
Wind fegt herbei
Vogelgeschrei
Wolken fast schwarz
Lauf, weiße Katz!
Blitz durch die Stille
Donnergebrülle
Zwei Tropfen im Staub
Dann Prasseln auf Laub
Regenwand
Verschwommenes Land
Blitze tollen
Donner rollen
Es plitschert und platscht
Es trommelt und klatscht
Es rauscht und klopft
Es braust und tropft
Eine Stunde lang
Herrlich bang
Dann Donner schon fern
Kaum noch zu hör'n
Regen ganz fein
Luft frisch und rein
Himmel noch grau
Himmel bald blau!

2 Was geschieht in dem Gedicht. Fasse es in zwei oder drei Sätzen zusammen.

○ **WEG A** **Wie viele Strophen hat das Gedicht? ☐ Wovon handelt es? ________________**
Wie viele Reime gibt es darin? ☐ Verbinde die Reimwörter mit Linien.
Welches Wortpaar ist dein Lieblingsreim? Schreibe es auf. ________________

◒ **WEG B** **Was passiert im Gedicht „Gewitter"? Welche Gefühle oder Eindrücke erfährst du? Ergänze die Tabelle in Stichwörtern.**

	Was passiert?	**Stimmung (Atmosphäre), Eindruck**
Zeile 1		
Zeile 2 bis 6	*Gewitter nähert sich schnell*	*bedrohlich, Spannung steigt*
Zeile 7 bis 20		
Zeile 21 bis 25		
Zeile 26		

● **WEG C** **Erkläre sprachliche Bilder aus dem Gedicht. Was ist gemeint? Schreibe jeweils einen Satz.**

Donnergebrülle

____

____

Regenwand

____

____

Blitze tollen

____

____

Herrlich bang

Das Gewitter ist aufregend und gefährlich, aber trotzdem toll.

____

____

WEG A / **WEG B** / **WEG C** **Lies das Gedicht für dich selbst laut und ausdrucksvoll vor. Genieße das Gewitter.**

Seite 285–287

Nomen und Artikelwörter

Merke

Wortarten

Nomen heißen auch Namenswörter, Dingwörter oder **Substantive**. Sie bezeichnen Lebewesen, Dinge, Gedanken und Gefühle. Beispiele: Ahmad, Lehrerin, Haus, Pausenklingel, Obst, Angst, Idee, Durcheinander, Frieden
Pronomen ersetzen oder begleiten Nomen, als Personalpronomen (→ ich, es, wir, mir, ihm, uns…) oder Possessivpronomen (→ mein, sein, unser, meinen, seinem, unseres…)
Personalpronomen werden dekliniert (Kasus, Numerus, Genus) wie die Nomen, vermeiden die Wiederholung der Nomen, kürzen auch den Satz ab.
Possessivpronomen können **Stellvertreter** sein. (→ Das ist mein Hund. → Das ist meiner.)
Possessivartikel werden als **Begleiter** genutzt. (→ Er hält seinen Hund.)
Verben sind besonders wichtig im Satz. Sie beschreiben oft Aktionen. Sie werden meist **konjugiert** und brauchen die richtige Zeitform (Tempusform), wie Präsens, Perfekt oder Präteritum.
Adjektive beschreiben Merkmale von Dingen oder Lebewesen. **Wie ist etwas oder jemand**? Vor einem Nomen müssen wir sie auch deklinieren. Meistens können wir sie steigern.

○ **1** **UNSER HAUS – Ergänze noch sechs weitere Wörter zum Thema.**

wohnen, Straße, klein, groß, schön, hoch, weit, Stockwerk, Park, Schwester, Haus, Hof, treffen, helfen, schlafen, Familie, winzig, Vater, neu, alt, spielen, aufräumen, riesig, Tür, Fenster

○ **2** **Weißt du noch? Die meisten deutschen Wörter sind Nomen (Substantive), Verben oder Adjektive. Ergänze jetzt die Tabelle mit den Nomen, Verben und Adjektiven aus Aufgabe 1. Schreibe die Nomen mit dem bestimmten Artikel auf.**

Nomen	Verben	Adjektive
die Straße	*wohnen*	*klein*

! Merke

Nomen

- Mit Nomen werden **Lebewesen** (→ Menschen, Tiere, Pflanzen), **Dinge** (→ Stift), **Gedanken**, **Gefühle** und **Zustände** (→ Freiheit) bezeichnet.
- Sie können im Text einen **Begleiter** haben, den bestimmten (→ der, die, das) oder unbestimmten (→ ein, eine) Artikel.
- Nomen schreibt man immer **groß**.

○ **3** **In diesen Sätzen fehlen einige Nomen. Denke sie dir aus und ergänze.**

Ich habe keine Uhr.

Auf dem Handy sehe ich aber die ____________________.

Die ____________________ wurde in den Ferien renoviert.

Das ____________________ gefällt mir am besten.

Heute Nachmittag pflanzen wir noch die ____________________

In der ____________________ muss ich unbedingt mit Friederike sprechen.

○ **4** **Markiere in Aufgabe 3 die Begleiter der Nomen.**

○ **5** **Lies den Text und markiere darin die Nomen und ihre Artikelwörter.**

Milo und der Weckerhund

Milo ist ein Junge, der sich langweilt. Eines Tages findet er ein Paket mit einer Landkarte. Mithilfe dieser Landkarte gelangt Milo in eine fantastische Welt. Auf seiner Reise begleitet ihn der Weckerhund Tock. Zusammen erreichen sie die Wörterstadt.

Überall hört man die Rufe der Händler, die ihre Waren anpreisen. Milo und Tock wandern zwischen den Buden umher und bestaunen die große Auswahl von Wörtern. Da bieten Verkäufer Wörter für den täglichen Gebrauch und für besondere Gelegenheiten an. Auch die feierlichen Wörter fehlen nicht, die bei Staatsanlässen benutzt werden. Die Stimme eines Mannes dröhnt laut. Er bietet Luxuswörter von erster Qualität an. Ein anderer verkauft gleich ganze Tüten voll mit den unterschiedlichsten Wörtern.

○ **6** **Ordne die Nomen aus Aufgabe 5 zu.**

Singular: *Milo, Weckerhund, …*

Plural: *Händler, …*

Seite 284

Merke

Nomen: Genus, Numerus und Kasus

Nomen können in verschiedenen Formen auftreten. Man unterscheidet:

- das **Genus** (das grammatische Geschlecht)
  Nomen sind männlich (maskulin), weiblich (feminin) oder sächlich (neutral). Man erkennt das Geschlecht am Artikelwort. → der Wind (m), die Sonne (w), das Land (s)
- der **Numerus** (die Zahl)
  Nomen stehen im Singular (Einzahl) oder im Plural (Mehrzahl) → das Pferd – die Pferde
- der **Kasus** (der Fall)
  Nomen stehen im Satz in einem bestimmten Fall. Den Fall kann man erfragen:
  - **Nominativ** (1. Fall): Wer oder was? → Der Wind weht stark? → Wer oder was weht stark?
  - **Dativ** (3. Fall): Wem? → Ich helfe dem Freund. → Wem helfe ich?
  - **Akkusativ** (4. Fall): Wen oder was? → Er sieht den Himmel. → Wen oder was sieht er?

○ **7** **Trenne die folgenden Nomen durch Striche ab. Ordne sie ihrem Genus zu und schreibe sie mit dem bestimmten Artikel auf.**

BESTECKKLIMAKEKSDIREKTORFANTASIEMONATBRÖTCHENHAKENNOTEMASCHINE
LEBKUCHENLATERNEBETTBRETTKLETTEKÄSEBESENBALKONFIGURKÄLBCHEN

weiblich (feminin): ______________________________

____

sächlich (neutral): ______________________________

____

männlich (maskulin): ______________________________

____

○ **8** **Herbstwetter mag nicht jeder. Setze die Nomen in Klammern in den Fall, der jeweils dahinter steht. Schreibe auch das richtige Artikelwort dazu.**

Das Wetter könnte besser sein. (Wetter / Nominativ)

Die Tage *im* ______________ sind kalt. (November / Dativ)

Die Temperatur wird von ______________ angezeigt. (Thermometer / Dativ)

Das Wasser haben wir ________ ausgiebigen ______________ zu verdanken. (Schauer / Dativ)

Ich habe ________ kleinen ______________ gern. (Schauer / Akkusativ)

______________ wird von ______________ getragen. (Blatt / Nominativ, Wind / Dativ)

Wir brauchen ______________ zum Drachensteigen. (Wind / Akkusativ)

Der Winter bringt ______________ und ______________. (Frost und Kälte / Akkusativ)

9 Alle kennen das Sams. Alle wissen, wie es aussieht. Als es aber zu oft allein war, rief es sich mithilfe der Wunschpunkte einen Freund herbei. Es nannte ihn – das Soms. Schreibe auf, wie dieser Freund Soms aussieht und welche Kleidung er trägt. Ergänze die bestimmten Artikel und bilde zusammengesetzte Nomen.

das Aussehen des Soms

der	*Sommer*	*die*	*Sprossen*	→	*die Sommersprossen*
______	Knopf	______	Augen	→	*Knopfaugen*
______	Haken	______	Nase	→	______
______	Locke	______	Mähne	→	______
______	Hase	______	Zähne	→	______
______	Kugel	______	Bauch	→	______

die Kleidung des Soms

______	Wolle	______	Hose	→	______
______	Hose	______	Träger	→	______
______	Rollkragen	______	Pullover	→	______
______	Pudel	______	Mütze	→	______
______	Regen	______	Mantel	→	______
______	Seide	______	Schal	→	______

10 Beschreibe nun das Soms in Sätzen. Achte auf Artikelwörter und Genus sowie Adjektive vor den Nomen. Male ein Bild vom Soms.

Seite 285

Adjektive

Merke

V07 V08

Adjektive

Adjektive bezeichnen **Eigenschaften** und **Merkmale** von Lebewesen, Dingen, Vorgängen und Tätigkeiten. Im Satz sind sie häufig die **Begleiter von Nomen**.
→ die bekannte Marke, die kurzen Ski, die einfache Bindung

Die meisten Adjektive kann man steigern:

Grundstufe (Positiv)	1. Vergleichsstufe (Komparativ)	2. Vergleichsstufe (Superlativ)
Diese Marke ist bekannt.	Diese Marke ist bekannter.	Diese Marke ist am bekanntesten.

Arbeitstechnik

Tests zum Erkennen von Adjektiven

1. Kombiniere das Wort mit **sein**. → Der Ball ist gelb.
2. **Steigere** das Wort. → klein → kleiner → am kleinsten
3. Setze das Wort **zwischen** ein **Artikelwort** und ein **Nomen**. Dabei musst du eine Endung anfügen. → klein + der Ball → der kleine Ball, ein kleiner Ball

1 **Markiere im Text weitere 15 Adjektive.**

Sascha spielt gern gegen mehrere gleichaltrige Spieler. Dann geht er von einem Brett zum andern. Er wirft einen genauen Blick auf die 64 Felder mit den weißen und schwarzen Figuren, überlegt und zieht oder schlägt. Mit den vielen Besonderheiten der Figuren kennt er sich aus und kann so rechtzeitig den richtigen Zug ausführen. Bei Zeitüberschreitung verliert man nämlich die gesamte Partie und nicht nur, wenn der eigene König matt gesetzt wird. Am besten gefällt es Sascha, wenn er gleichstarke Gegner besiegt. Beim letzten Turnier gingen vier Spiele „unentschieden" aus. Ein Spiel musste er aufgeben, weil sein König in einer aussichtslosen Stellung war. Kürzlich hat man bei wissenschaftlichen Untersuchungen herausgefunden, dass man für diese Sportart kein großes Mathe-Ass sein muss. Sascha weiß, dass er nur durch fleißiges Üben stärker wird. Besondere Freude bereitet es ihm, wenn er jemanden für sein spannendes Lieblingsspiel begeistern kann.

Hast du das Spiel erkannt? Schreibe den Namen auf. ____________________

○ **2 Setze die passenden Adjektive in den Text ein.**

leichten | ruhiger | ~~großen~~ | geringeltem | bunten | wichtigste | leeren

Hannah spielt gerne mit ihrer _großen_ Schwester. Sie setzen sich an den ______________ Tisch.

Dann nimmt Hannah die ______________ Holzstäbe zusammen und lässt sie auf den Tisch fallen.

Die Stäbe müssen nun mit ______________ Hand nacheinander aufgenommen werden.

Die anderen Stäbe dürfen sich nicht bewegen.

Es gibt verschiedene Möglichkeiten, die ______________ Hölzer aufzuheben. Konzentriert überlegt Hannah, ob sie den unteren Stab herauszieht oder den oberen vorsichtig aufstellt.

Der ______________ Stab ist aus ______________ Holz.

Hast du das Spiel erkannt? Schreibe den Namen auf. ______________________

○ **3 Setze die Wörter in Klammern in der richtigen Form ein. Kennst du die Sportarten? Schreibe die Bezeichnungen als Überschrift auf.**

a ______________________________

Anja spielt auf einer _rechteckigen_ Fläche (rechteckig) mit einer Bande rundherum. In ihrer Mannschaft sind gleichzeitig sechs Spielerinnen auf dem ______________ Eis (blank). Alle müssen ________ Schlittschuhläuferinnen (gut) sein. Den ______________ Schläger (hölzern) führt jede mit ihrer ______________ Hand (geschickt) am __________ Ende (oberes). Zum Schutz vor ______________ Verletzungen (schwer) im Gesicht tragen alle __________ Plexiglasmasken (stabil). Das Ziel des ______________ Spiels (schnell) besteht darin, die ________ Scheibe (klein) möglichst oft ins ______________ Tor (gegnerisch) zu schießen.

b ______________________________

Nancy spielt auf einer 40 Meter langen Eisbahn. Mit ihr versuchen noch drei weitere Spielerinnen, ihre ______________ Steine (20 kg schwer) im „House“, dem ______________ Zielfeld (kreisförmig), möglichst nahe dem Zentrum unterzubringen. Es ist ein ______________ Spiel (interessant), weil in __________ Durchgang (jeder) im Wechsel mit dem ______________ Team (gegnerisch) jede Spielerin zweimal spielt. Dabei dürfen auch die Steine des Gegners hinausgestoßen werden. Die Spielerinnen geben ihrem Stein in einem __________ Ausfallschritt (tief) einen ____________ Schubs (leicht). Seinen Weg kann man durch ______________ Wischen (kräftig) mit einem ______________ Besen (speziell) verlängern.

Seite 285

4 Schreibe die Adjektive aus dem Text 3a auf Seite 41 in die Tabelle und steigere sie. Prüfe, welche Adjektive sich nicht steigern lassen.

Grundstufe (Positiv)	1. Vergleichsstufe (Komparativ)	2. Vergleichsstufe (Superlativ)
rechteckig	*–*	*–*
blank	*blanker*	*am blankesten*

5 Verbinde die folgenden Adjektive und Nomen zu Wortgruppen. Schreibe dann vollständige Sätze damit auf.

grün	hoch	Kufen	Sprungschanze
steil	scharf	Ruderboot	Schwimmbad
warm	schnell	Skimütze	Sprungturm
neu	golden	Medaille	Trikot

Leider habe ich meine warme Skimütze vergessen.

Pronomen

Merke

V09 V10

Personalpronomen

Personalpronomen stehen im Text **stellvertretend** für **Nomen**.

Singular		Plural	
1. Person	ich	1. Person	wir
2. Person	du	2. Person	ihr
3. Person	er/sie/es	3. Person	sie

Anredepronomen in der Höflichkeitsform (→ Sie, Ihnen…) schreibt man **groß**.

1 Versuche, den Brief der Schülervertretung an den Direktor der Schule zu verstehen, obwohl einige Wörter fehlen.

Sehr geehrter Herr Ulrich,

wie ___________ bekannt ist, sind die Toiletten an ___________ Schule ein großes Problem. Täglich können ___________ ja selbst sehen, wie die Wände bekritzelt und die Rollen in den Abfluss geworfen werden. Neulich wurden Toiletten aus ___________ Verankerungen gerissen.

Trotzdem sind wir gegen ___________ Absicht, bestimmte Toilettenbereiche vollständig zu schließen. Die 8. Klassen haben mit ___________ Vorschlägen, wie z. B. Eigenreinigung, Verleihung der „Goldenen Klobürste", Zeichen gesetzt. Wir, die drei 5. Klassen, haben überlegt, wie wir das Toilettenproblem an ___________ Schule lösen können. Wir bitten um einen Termin, um ___________ ___________ Vorschläge zu erklären.

Für die Schülervertretung

mit freundlichen Grüßen

…

ihren

ihren

Ihre

Ihnen

Sie

unserer

unserer

Ihnen

unsere

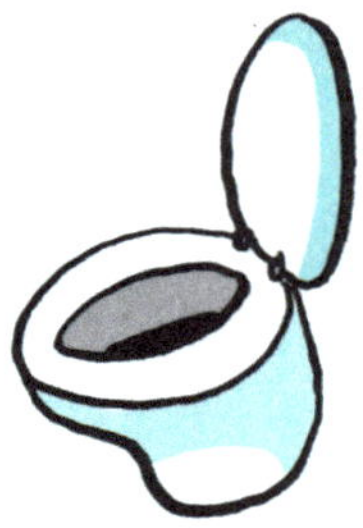

2 Gib kurz mit eigenen Worten wieder, was die Schülervertretung geschrieben hat.

____

____

____

3 Ergänze jetzt oben im Brief die fehlenden Pronomen.

Seite 285

4 Lies den Brief von Pia. Fasse mit eigenen Worten kurz zusammen, was sie schreibt.

____

____

____

Liebe Carina, lieber Janus,

viele liebe Grüße aus dem Urlaub sendet __________ Pia. Wir haben so ein Glück mit dem Wetter, es sind jeden Tag 30 Grad. Wie ist es denn bei __________? Ich hoffe, nicht so warm. Bello kann solche Hitze nicht ausstehen. Wie geht es __________ überhaupt? Verträgt __________ sich mit __________ Kater? Oh, entschuldigt, jetzt habe ich nicht mal gefragt, wie es __________ geht. Ich hoffe, __________ genießt die Ferien genauso wie ich. Ich freue mich, __________ bald wiederzusehen! Lasst es __________ gut gehen. Grüßt Bello und knuddelt __________ von __________.

Liebe Grüße

Pia

5 Ergänze im Brief oben die fehlenden Pronomen.

er | ihn | ihm | euch | euch | euch | ihr | mir | euch | euch | eurem

6 Schreibe einen kurzen Brief an eine Lehrerin oder einen Freund. Lade sie ein oder teile ihm etwas Wichtiges mit. Achte auf die Schreibung der Anredepronomen. Verwende ein extra Blatt.

Merke

Possessivpronomen können **Stellvertreter** sein.
(→ Das ist mein Hund. → Das ist meiner.)
Possessivartikel werden als **Begleiter** genutzt.
(→ Er hält seinen Hund.)
Singular: mein, dein, sein/ihr/sein
Plural: unser, euer, ihr

7 **Pia hat ihrer Oma eine E-Mail geschrieben. Sie enthält viele Wiederholungen. Ersetze die unterstrichenen Wörter durch die passenden Personalpronomen.**

Von: pia@mail.de
An: oma-schulz@mail.de
Betreff: Wieder da!
Senden

Liebe Oma,

wir sind gestern aus dem Urlaub zurückgekommen. ~~Der Urlaub~~ *Er* war super! Es war sehr warm, deshalb waren wir oft baden. Der Strand war sehr schön, aber der Strand war auch sehr voll. Ich war immer vor Maria dort und habe Maria einen Platz freigehalten. Bello musste ich zu Hause lassen, Janus hat Bello aber gefüttert. Wie geht es Opa? Grüß Opa bitte von mir.

Alles Liebe, deine Pia

8 **Schreibe die Personalpronomen aus Aufgabe 7 in die richtige Zeile und ergänze die Tabelle.**

	Singular			Plural
	1. Person	2. Person	3. Person	1. Person
Wer? Was?	*ich*	*du*		
Wem?		*dir*		*uns*
Wen? Was?				

9 **Alina hat eine E-Mail von Tom erhalten. Tom ist Brite, er lernt seit drei Jahren Deutsch. Heute antwortet sie ihm. Ergänze die Possessivartikel.**

deine · Unsere · Meine · eurer · ~~Mein~~ · unserer · ihren

Meine · meine · Deine · deine · Ihr · deine

Von:
An: tom@web.de
Betreff: Antwort
Senden

Hallo Tom!

Mein Name ist Alina. Herzlichen Dank für d______ E-Mail. Ich schreibe dir, weil m______ Hobbys dieselben sind wie d______. Ich spiele in der Mannschaft uns______ Klasse Fußball. Spielen in eu______ Schulmannschaft eigentlich auch Mädchen? Un______ Familie ist fußballverrückt. M______ Eltern schauen sich alle Spiele der Bundesliga an. M______ Schwester besucht erst die 3. Klasse. I______ Hobby wird wahrscheinlich auch der Fußball werden. Mit i______ Freundinnen kickt sie sehr gerne. Lieber Tom, ich bin auf d______ Antwort gespannt. D______ Alina

Seite 286

Präpositionen

Merke

Präpositionen

Wörter wie **an**, **auf**, **aus**, **bei**, **durch**, **gegen**, **hinter**, **vor**, **in**, **nach**, **über**, **zu**, **zwischen** sind Präpositionen (Verhältniswörter).

Sie können angeben:
einen **Ort** → am Bahnhof (Wo? Wohin? Woher?)
eine **Zeit** → gegen Abend (Wann?)
einen **Grund** → wegen der Verspätung (Warum? Weshalb?)
die **Art und Weise** → mit dem Bus (Wie? Auf welche Weise?)

Präpositionen verlangen einen bestimmten **Fall** (Kasus):

- Auf die Frage **Wo?** folgt diesen Wörtern der **Dativ**.
- Auf die Frage **Wohin?** folgt diesen Wörtern der **Akkusativ**.

Manchmal verschmelzen **Präpositionen** mit dem bestimmten **Artikel**:
an + dem → am; in + das → ins; zu + dem → zum; von + dem → vom

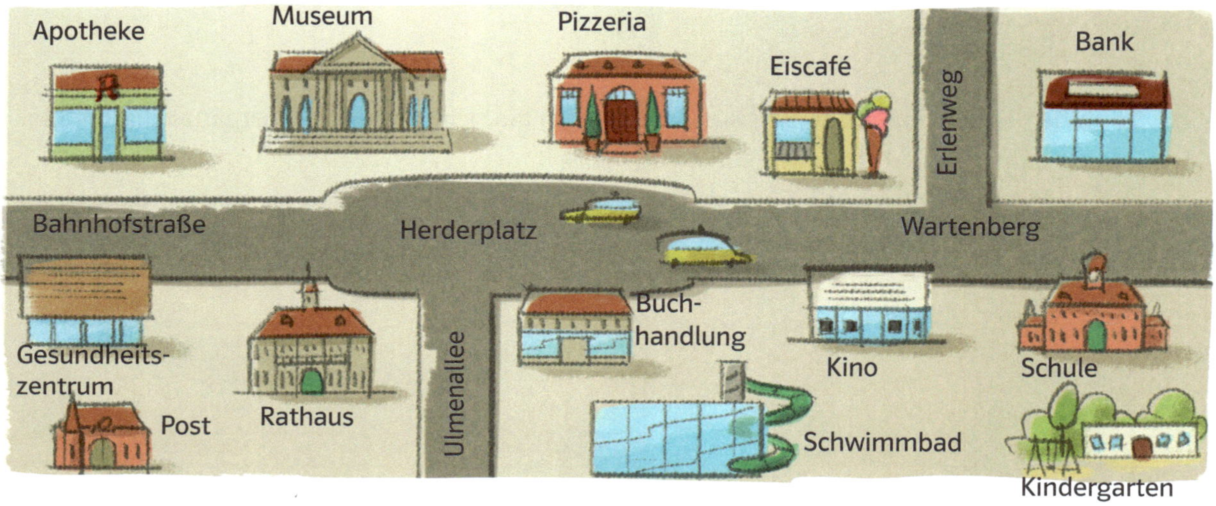

○ **1** **Wo befindet sich ...? Sieh dir die Abbildung an und vervollständige die Sätze. Verwende die folgenden Präpositionen.**

zwischen | in | an | hinter | neben | vor | gegenüber | auf | zu | an | neben

1. Das Museum befindet sich *in der Bahnhofstraße zwischen der Apotheke und der Pizzeria.*
2. Das Gesundheitszentrum befindet sich ______
3. Die Buchhandlung befindet sich ______
4. Die Post befindet sich ______
5. Das Kino befindet sich ______
6. Das Schwimmbad befindet sich ______
7. Das Rathaus steht ______
8. Die Pizzeria findest du ______
9. Das Eiscafé befindet sich ______

2 **Wohin gehst du? Vervollständige die Antworten. Setze die bestimmten Artikel ein.**

in die ________ Apotheke	in ________ Schule	in ________ Schwimmbad
auf ________ Herderplatz	auf ________ Brocken	auf ________ Eiffelturm
durch ________ Tunnel	über ________ Brücke	in ________ Fitnessstudio

3 **Ergänze in den Sätzen die Präpositionen um oder ab.**

Die Shows in der Arena finden immer zur vollen Stunde statt. Auch _____ 14 Uhr.

Auf der Gokart-Bahn ist morgens _____ 10 Uhr noch nicht viel los.

_____ 18 Uhr wird der Park beleuchtet. Da hat man eine tolle Aussicht von der Achterbahn.

Im 4-D-Kino läuft _____ 16 Uhr zu jeder vollen Stunde ein Film, der erst für Jugendliche _____ 12 Jahren frei ist.

4 **Setze die passenden Fragewörter ein. Der jeweils letzte Buchstabe der Fragewörter fehlt im Lösungswort.**

1. ____________ freuen sich die Schüler? Antwort: Auf die Ferien.
2. ____________ sammeln die Schüler Geld? Antwort: Für einen guten Zweck.
3. ____________ dauert die Zirkusvorstellung? Antwort: Sie dauert eine halbe Stunde.
4. ____________ kommt man zur Achterbahn? Antwort: Man biegt beim Brunnen rechts ab.

Lösungswort: _1 _2 _3 I Z _4 I T

5 **Korfball ist ein Ballspiel aus Holland. Das Wort „Korf" ist niederländisch und bedeutet Korb. Ergänze die Spielregeln mit den passenden Präpositionen. Streiche die verwendeten Wörter durch.**

nach | in | ohne | durch | auf | um | gegen | in | gegen

1. Vier Männer und vier Frauen spielen gleichberechtigt ________ einem Team.
2. Frauen spielen ________ Frauen und Männer ________ Männer, wobei jeder einen direkten Gegenspieler hat.
3. Das Spielfeld ist ________ zwei gleich große Hälften (Angriff und Verteidigung) unterteilt.
4. ________ einen Korbtreffer zu erzielen, muss der Ball von oben ________ den Korb geworfen werden.
5. ________ je zwei erzielten Körben wechseln die Spieler Angriffs- und Verteidigungsfeld.
6. Man darf nicht ________ den Korb zielen, wenn man eng verteidigt wird.
7. Korfball ist ein Spiel ________ harten Körpereinsatz. Das Sperren, Rempeln und Festhalten des Gegners ist nicht gestattet.

Seite 286–287

Verben und ihre Zeitformen (Tempusformen)

Merke

V11 V12

Verben

Verben sind **Tätigkeitswörter**, sie geben an
- was jemand tut → er schreibt
- was geschieht → es regnet
- in welchem Zustand etwas oder jemand ist → er bleibt

Man unterscheidet:
1. **Infinitiv** (Grundform) → laufen, lesen
2. **Personalform**, die sich danach richtet, wer oder was etwas tut. Es handelt sich um die konjugierte (finite/gebeugte) Verbform.

	Singular	Plural
1. Person	ich laufe	wir laufen
2. Person	du läufst	ihr lauft
3. Person	er/sie/es läuft	sie laufen

Das Verb ist die einzige **konjugierbare Wortart**. Sie lässt sich durch **Person**, **Numerus** und **Zeitform** (Tempusform) verändern.

Die Gegenwartsform, das **Präsens**, verwendet man, wenn man etwas erzählt, das gerade geschieht (→ sie geht, er sieht) oder das immer gilt (→ ich heiße).

1 **Entscheide, welche Wörter Verben sind. Kreise sie ein.**

warten begeistern gestern sehen Seen waschen Taschen

fern rennen spielen gern weinen kleinen zusammen

2 **Beschreibe, was du in deiner Freizeit tun kannst. Schreibe vier weitere Tätigkeiten auf, z. B.**

malen, lesen, ______________________________

3 **Die Form, in der du die Verben aufgeschrieben hast, ist der Infinitiv (Grundform). Schreibe vier weitere Verben im Infinitiv auf.**

____

4 **Baue Wortgruppen mit den Wörtern im Cluster. Wie verändert sich die Verbform? Unterstreiche die Endungen der Verben.**

Paula singt ______________________________

____

____

○ **5** **Schreibe zu den folgenden Personalformen (finiten Verbformen) den Infinitiv (die Grundform) auf.**

ich weiß → wissen ______ du musst → ______

du kannst → ______ du liest → ______

er sieht → ______ sie wirft → ______

du sprichst → ______ ich will → ______

sie erschrickt → ______ er isst → ______

○ **6** **Denke dir Sätze mit den Verben haben und sein aus.**

haben	sein
Ich habe einen Freund.	Ich bin Schülerin der Klasse 5a.
Du hast	Du bist
Er	Er ist
Sie	Sie
Wir	Wir
Ihr	Ihr seid meine Freunde.
Sie	Sie

○ **7** **Setze die Verben in der richtigen Personalform (finiten Verbform) im Präsens ein.**

Warum teilst du denn nicht mit uns?

Heute ist Sportfest in unserer Schule. Florian gewinnt (gewinnen) einen Preis beim Werfen: 10 Tüten Gummibärchen. Er ______ (essen) eine Tüte Bärchen nach der anderen. Lisa ______ (sagen): „Wir ______ (essen) auch gerne Gummibärchen!

Warum ______ (teilen) du denn nicht mit uns?" Sie ______ (bekommen) keine Antwort.

Beim Wettrennen ______ (sagen) Florian plötzlich, dass er fürchterliche Bauchschmerzen ______ (haben). Lisa ______ (laufen) als Erste durchs Ziel. Etwas später ______ (halten) sie den 1. Preis in der Hand: 20 Tüten Gummibärchen. Alle Kinder ______ (schauen) gierig. Lisa ______ (sagen) lächelnd: „Ich ______ (wissen), worauf ihr ______ (warten)."

Und schon ______ (verteilen) sie alle Gummibärchen.

Seite 286–287

○ **8** **Lies den Text und setze die richtigen Personalformen (finiten Verbformen) im Präsens ein.**

Ich grüße (grüßen) dich, liebes Tagebuch!

Mal wieder ______________ (müssen) ich meckern, und zwar über meine Schwester Lina. Sicher ______________ (wissen) du längst, dass ich mit ihr 59 Minuten jeder Stunde auf Kriegsfuß ______________ (stehen). Ich ______________ (sagen) dir, es ______________ (sein) nicht einfach, sich mit einem Menschen zu vertragen, der nur bescheuerte Musik ______________ (hören) und sich kiloweise Farbe ins Gesicht und auf die Nägel ______________ (schmieren)!

Wenn ich nur die kleinste Kritik ______________ (anmelden), fängt sie an zu streiten.

Dabei ______________ (haben) ich doch Recht. Ehrlich!

Außerdem ______________ (kichern) sie oft so fies, wenn sie ______________ (sehen), wie ich ______________ (üben) Skateboard zu fahren. Das ______________ (gehen) mir echt auf den Zeiger! Überhaupt ______________ (finden) ich Mädchen ziemlich doof.

○ **9** **Lies den folgenden Anfang einer Geschichte. Unterstreiche alle Verbformen.**

Es ist schon spät. Oliver sitzt am Computer und schreibt einen Text. Er muss zur nächsten Deutschstunde eine Geschichte erfinden. Plötzlich klingelt nebenan das Telefon. Wer ruft da an? Er steht auf und verlässt das Zimmer. In diesem Moment kommt Kater Wanja aus seiner Ecke. Er verfolgt eine Fliege, die auf den Computer fliegt. Wanja springt hinauf auf den Computertisch und wieder hinunter. Die Fliege fängt er nicht. Als Oliver das Zimmer wieder betritt, sieht er mit Entsetzen den dunklen, leeren Bildschirm. Gleich fällt ihm Wanja ein, der inzwischen wieder gemütlich in seiner Ecke liegt ...

Merke

V13

Zeitform (Tempusform) des Verbs: Präteritum

Die einfache **Vergangenheitsform**, das Präteritum, verwendet man, wenn man **schriftlich** über etwas **Vergangenes** erzählt (→ sie ging, er sah).
Das Präteritum wird besonders in **Geschichten** und **Erzählungen** verwendet.

Man unterscheidet **starke** und **schwache** Verben:
Schwache Verben bilden das Präteritum durch die **Endung -te** (rennen → rannte).
Starke Verben bilden das Präteritum durch die **Änderung des Verbstamms** (Stammvokals) (tragen → trug).

10 **Übertrage den Geschichtenanfang aus Aufgabe 9 ins Präteritum, also in die Vergangenheit.**

Es war schon spät.

11 **Überlege dir ein Ende für die Geschichte und schreibe es im Präteritum auf. Achte dabei auf die Verbformen.**
- Was passiert am Ende der Geschichte?
- Gibt es ein gutes oder ein schlechtes/trauriges Ende?
- Überlege dir eine passende Überschrift und schreibe sie in Aufgabe 10.

Seite 286–287

12 **Finde die Verbformen. Schreibe sie zuerst rechts auf. Trage sie dann links in das Rätsel ein. Die markierten Buchstaben zeigen dir das Lösungswort.**

1	e	m	p	f	e	h	l	e	n
2									
3									
4									
5									
6									
7									
8									
9									
10									

1 sie empfahl – Infinitiv ______

2 wir kauften ein – Infinitiv ______

3 er unternimmt – Präteritum ______

4 wir reisten ab – Infinitiv ______

5 ich entscheide - Präteritum ______

6 es schlief – Infinitiv ______

7 sie beschließt – Präteritum ______

8 erhalten – Präteritum (ich/er/sie/es) ______

9 wir ziehen – Präteritum ______

10 ihr schriebt – Präsens ______

Lösungswort: P _ _ _ _ _ _ _ _ _

13 **Ergänze in der Tabelle die fehlenden Formen. Unterstreiche in Gruppe A jeweils das ie in der Präteritumsform. Markiere in Gruppe B das ß in den verschiedenen Verbformen.**

	Infinitiv (Grundform)	Präsens	Präteritum
A	schreien	er ______	er ______
	______	sie ______	sie rief
	bleiben	er ______	er ______
	______	sie ______	sie schwieg
B	essen	sie ______	sie ______
	______	er fließt	er ______
	______	er vergisst	er ______
	verlassen	sie ______	sie ______
	gießen	ich gieße	ich goss
	genießen	wir genießen	wir ______
	______	es ______	es schoss
	anfassen	du ______	du fasstest an

14 Bilde die Präteritumsformen der folgenden Verben und schreibe jeweils einen Satz damit auf. Verwende die Ich-Form. Nutze deine Fantasie.

gehen | raten | trinken | fallen | schreiben | rufen | schweigen | schlafen
schreien | bekommen | vergessen | entscheiden | anfangen | stehen | heben

Ich ging zum Training. Ich riet die Lösung leider nicht.

15 Du findest hier waagerecht und senkrecht weitere 14 Verbformen im Präteritum. Markiere sie, schreibe sie unten auf und ergänze jeweils den Infinitiv.

W	U	S	C	H	S	A	N	G	R	I	E	T
A	B	T	N	A	H	M	L	I	E	F	B	R
T	K	A	M	F	T	R	A	N	K	I	R	S
R	C	C	E	I	H	I	S	G	N	A	A	A
A	D	H	I	E	L	T	J	L	O	G	C	H
F	S	E	H	L	U	G	K	M	P	Q	H	S

1 wusch – waschen

Seite 286–287

Merke

V14

Zeitform (Tempusform) des Verbs: Perfekt

Man verwendet das Perfekt meist, wenn man **mündlich** von etwas **Vergangenem** erzählt.

Das Perfekt wird mit den konjugierten (finiten) Formen von **haben** oder **sein** und dem **Partizip II** eines Verbs gebildet → ich habe gelacht, ich bin gelaufen.

16 **Dany hat folgende Geschichte über sein Hobby erzählt. Lies sie und unterstreiche alle Perfektformen. Schreibe dann fünf davon auf und ergänze jeweils die Präsensform.**

„Ich habe schon als kleiner Junge vom Segelfliegen geträumt. Ich bin direkt neben einem Flugplatz aufgewachsen. Es waren immer Schafe da, die haben das Gras der Landebahn kurzgehalten. Ich bin zuerst immer mit meinem Bruder hingegangen; später bin ich direkt nach der Schule zum Flugplatz gelaufen. Stundenlang habe ich zugesehen, wie die Segelflugzeuge in großen Kreisen immer höher gestiegen sind. Den Tag, als ich zum ersten Mal mitgeflogen bin, habe ich bis heute nicht vergessen. Ich bin erst sieben Jahre alt gewesen, da hat mein Bruder mich im Flugzeug mitgenommen. Eigentlich bin ich jede freie Minute auf dem Flugplatz gewesen. Ich habe dort auch geholfen. Zum Beispiel habe ich das Drahtseil mit eingeholt, damit der Nächste starten konnte. Später habe ich mit dem Rasentraktor den Platz gemäht. So ist allmählich mein Wunsch, Segelflieger zu werden, entstanden."

ich habe geträumt – ich träume, …

17 **Bringe die folgenden Bausteine der Perfektsätze in die richtige Reihenfolge.**

vom Segelfliegen | Früher | geträumt. | ich | habe

Früher habe ich

jeden Tag | Ich | auf dem Flugplatz | geholfen. | habe

Dann | bei meinem großen Bruder | genommen. | Flugstunden | habe | ich

gezittert. | ich | Aufregung | vor | habe | Vor dem ersten Flug

18 **Ergänze in den folgenden Sätzen die Perfektformen der Verben.**

1. Patricia: Ich *habe* im Aquazoo ein echtes Krokodil *gesehen*. (sehen)
2. Boris: Wir ______ im Wald einen 2 kg schweren Pilz ______. (finden)
3. Sascha: Eine riesige Spinne ______ am ersten Tag über meine Hand ______. (laufen)
4. Hanka: Ich ______ mit meinem Bruder zu meiner Oma ______. (fahren)
5. Aldin: Wir ______ im Hotel unsere ehemalige Lehrerin ______. (treffen)
6. Nana: Ich ______ in der Bibliothek ein Buch über Affen ______. (ausleihen)
7. Karl: Wir ______ in unserem Ferienort eine fleischfressende Pflanze ______. (kaufen)
8. Sina: Wir ______ im Urlaub in Hamburg Austern ______. (essen)
9. Sergej: Wir ______ zweimal im Zirkus ______. (sein)
10. Antonia: Ich ______ irgendwo mein Tagebuch ______. (verlieren)
11. Mark: Ich ______ mit meinen Eltern nach Marokko ______. (fliegen)

19 **Was hast du in den letzten Ferien erlebt? Schreibe fünf Sätze im Perfekt.**

In den letzten Sommerferien habe ich viel erlebt!

______

______

______

______

20 **Forme hier die Sätze aus Aufgabe 19 ins Präteritum um.**

In den letzten Sommerferien erlebte ich viel!

______

______

______

______

Seite 288

Satzglieder

Merke

V15

Satzglieder

Sätze bestehen aus **Satzgliedern**.
Ein Satzglied kann aus **einem Wort** oder **einer Wortgruppe** bestehen und lässt sich innerhalb eines Satzes **verschieben**.

Mit der **Umstellprobe** kann man die Satzglieder und ihre Anzahl ermitteln.
Wörter und Wortgruppen, die bei der Umstellung des Satzes zusammenbleiben, sind **Satzglieder**.

→ Der Zauberer | übergibt | dem Assistenten | seinen Zauberstab.

→ Dem Assistenten | übergibt | der Zauberer | seinen Zauberstab.

→ Seinen Zauberstab | übergibt | der Zauberer | dem Assistenten.

!Achtung! Bei der Umstellung darf der Satz seinen Sinn nicht ändern.

1 **Stelle fest, was das Besondere an den folgenden Sätzen ist. Bilde selbst so einen Satz.**

Anja angelt Aale in Albanien.
Daniel dressiert dicke Dackel in Deutschland.
Françoise feiert fröhliche Feste in Frankreich.
Gregor genießt große Granatäpfel in Griechenland.
Hermine hilft Henrik im Haushalt.
Indira isst immer Inselspezialitäten in Indonesien.
Mohammed mag Moscheen in Marokko.
Raissa reitet riesige Rentiere in Russland.
Zambo zerschneidet zehn Zitronen in Zaire.

____

____

2 **Wähle fünf Sätze aus Aufgabe 1 und trage die Satzglieder wie im Beispiel in die Tabelle ein.**

Subjekte	Prädikate	Objekte
Anja	*angelt*	*Aale*

Merke

V16 V17

Die Satzglieder Subjekt, Prädikat und Objekt

Das **Subjekt** gibt an, wer oder was etwas tut. Man erfragt es mit **Wer oder was?**.
→ Unser Zauberer hat eine Idee.

Das **Prädikat** gibt an, was geschieht oder was jemand tut. Es kann aus einem oder mehreren Verben bestehen. → Er kocht seine Suppe.
→ Er will seine Suppe kochen.

Das **Prädikat** (oder ein Prädikatteil) steht in einem **Aussagesatz** immer an **zweiter Stelle** und kann nicht verschoben werden.

Das **Objekt ergänzt** einen Satz durch **Informationen**.
→ Er sagt uns die Zauberformel.
Es gibt das Akkusativobjekt. Man erfragt es mit **Wen oder was?**
Es gibt das Dativobjekt. Man erfragt es mit **Wem?**

○ **3** **Lies den folgenden Text und markiere alle Prädikate.**

Der Unterricht beginnt
Ihr setzt euch bequem hin. Ihr schließt die Augen. Ihr atmet tief und ruhig ein. Der Spielleiter führt euch durch euren heutigen Tag. Ihr erlebt den Tag ruhig in Gedanken noch einmal. Um sieben bin ich heute aufgestanden. Beim Aufstehen habe ich mich müde gefühlt. Dann ...

○ **4** **Schreibe jetzt die oben stehenden Sätze so ab, dass die Prädikate immer im Kreis bzw. in den beiden Kreisen stehen.**

Ihr (setzt) euch bequem (hin).

______ ( ) ______.

______ ( ) ______ ( ).

______ ( ) ______
______.

______ ( ) ______
______.

______ ( ) ______ ( ).

______ ( ) ______
( ).

Seite 288

5 Stelle den folgenden Satz drei Mal schriftlich um. Markiere die Satzglieder verschiedenfarbig und bestimme sie.

Heute erzählt der Lehrer den Kindern eine Geschichte.

6 Lies den folgenden Text und markiere alle Subjekte rot.

Regentropfen

Jeder nimmt zwei Stifte, einen in jede Hand. Setzt euch entspannt hin und schließt die Augen. Der Spielleiter geht leise herum und tippt nacheinander jedem auf die Schulter. Wenn ihr berührt worden seid, sprecht ihr in Gedanken immer wieder das Wort „Regentropfen“. Dabei schlagt ihr die beiden Stifte leicht gegeneinander in dem Rhythmus, in dem ihr das Wort „Regentropfen“ sprecht. Wenn jeder seinen Rhythmus gefunden hat, legt der Spielleiter nacheinander jedem Schüler die Hand kurz auf die Schulter. Ihr sitzt dann wieder ganz ruhig, bis alle aufgehört haben.

7 Bestimme die unterstrichenen Satzglieder.

die Augen → Akkusativobjekt

8 In welchem Beruf macht man was? Schreibe einen kurzen Satz in die Tabelle. Nenne typische Tätigkeiten. Ergänze in jedem Satz ein Akkusativobjekt.

~~Busfahrerin~~ Musiker Ärztin Friseur Köchin Mechatroniker Verkäuferin Kellner

~~lenken~~ untersuchen kämmen spielen schneiden reparieren zeigen bedienen

Subjekt (Wer oder was?)	Prädikat	Akkusativobjekt (Wen oder was?)
Die Busfahrerin	*lenkt*	*den Stadtbus.*

9 Verbinde den Satzanfang mit dem passenden Dativobjekt. Schreibe den Satz in die Tabelle. Wie heißen die bestimmten Artikel?

1. Der Astronaut begegnet
2. Der Aufschlag gelingt
3. Die Krankenschwester hilft
4. Die Stimmung im Saal gefällt
5. Die Fußballfans applaudieren
6. Der Dieb entkommt

Patientin
Tennisprofi
Außerirdischer
Torwart
Polizistin
Rockmusiker

Subjekt Wer oder was?	Prädikat	Dativobjekt Wem?
Der Astronaut	begegnet	dem Außerirdischen.

10 Hier stimmt doch etwas nicht! Die Akkusativobjekte sind durcheinandergeraten. Ordne sie richtig zu.

Subjekt	Prädikat	Dativobjekt	Akkusativobjekt
1. Die Metzgerin	verkauft	dem Kunden	einen Weisheitszahn.
2. Der Zahnarzt	zieht	dem Patienten	einen Beschwerdebrief.
3. Die Kellnerin	serviert	dem Gast	ein Fieberthermometer.
4. Der Pfleger	gibt	dem Kranken	eine Mathematikaufgabe.
5. Die Chefin	zeigt	dem Mitarbeiter	eine Linsensuppe.
6. Der Lehrer	erklärt	den Schülern	eine Bockwurst.

Seite 289

Satzarten

Merke

Satzarten und ihre Funktionen

Man unterscheidet nach der Stellung der **konjugierten (finiten) Verbform** im Satz:

Verberstsatz:
Das konjugierte (finite) Verb steht an **erster Stelle**.
→ Gehen wir in den Zoo?

Verbzweitsatz:
Das konjugierte (finite) Verb steht an **zweiter Stelle**. → Wir gehen in den Zoo.

Verbletztsatz:
Das konjugierte (finite) Verb steht im Nebensatz und dort an **letzter Stelle**. → Wir gehen in den Zoo, weil wir ein Ticket haben.

Sätze haben **verschiedene Funktionen**, je nachdem, was man ausdrücken möchte. Die Satzfunktion entscheidet über das **Satzschlusszeichen**:

- wenn man etwas **feststellt** oder **aussagt** → **Aussagesatz**, endet mit **Punkt** → Wir haben ein Zooticket gewonnen.
- wenn man **Gefühle** und **Wünsche** ausdrückt → **Aussagesatz** endet mit **Punkt** → Wir freuen uns auf den Zoobesuch.
- wenn man etwas **wissen** möchte → **Fragesatz** endet mit **Fragezeichen** → Haben wir einen Zooticket gewonnen?
- wenn man zu etwas **auffordert** oder etwas **ausruft** → **Ausrufesatz oder Aufforderungssatz** endet mit **Ausrufezeichen** → Lasst uns in den Zoo gehen! → Schau her!

○ **1** **Bilde Entscheidungsfragen und schreibe sie auf.**

1. gern Sport treiben? *Treibst du gern Sport?*
2. gern Ski fahren? ______
3. gern Rad fahren? ______
4. gern Fußball spielen? ______

○ **2** **Ergänze in den folgenden W-Fragen die passenden Fragewörter.**

Womit? | Was? | Wo? | ~~Wie?~~ | Wer? | Wie? | Wem? | Wofür?

1. *Wie* heißt du?
2. ______ alt bist du?
3. ______ machst du gern?
4. ______ wohnst du?
5. ______ ist dein Freund?
6. ______ interessierst du dich besonders?
7. ______ beschäftigst du dich am Wochenende?
8. ______ schreibst du manchmal eine Nachricht?

○ **3** **Bilde vier weitere W-Fragen. Achte auf die Verbposition.**

Wann ______ ?
Mit wem ______ ?
Womit ______ ?
Woher ______ ?

4 **In einem Forum wird diskutiert, ob es Klassensprecher geben sollte oder nicht. Lies die Diskussion und kreuze die Beiträge an, denen du zustimmst.**

- ☐ **Jana** Ich finde es überflüssig, einen Klassen- oder Schulsprecher zu wählen__ Diese Leute wollen sich doch nur wichtigmachen__ Und wenn's hart auf hart kommt, halten sie doch nur zu den Lehrern__
- ☐ **Corinna** Ich gehe in eine sehr große Schule mit über 1000 Schülern__ Unser Klassensprecher hat öfter eine Versammlung__ Und was er dort erfährt, teilt er uns sofort mit__ Super__
- ☐ **Herr Grau** Willst du wirklich auf dein Mitbestimmungsrecht verzichten__ Was wäre die Schule ohne die gewählten Schülervertreter__ Stell dir vor, dann könnten die Lehrer wirklich alle machen, was sie wollen__ Aber man muss ihnen auch sagen können, dass sie etwas nicht richtig machen__
- ☐ **Ali** Jana hat völlig Recht. Ich finde auch, dass Klassensprecher nur die Chefs der Klasse sein wollen, um zu bestimmen__ Und bei großen Streitereien halten sie zu den Lehrern, um aufzufallen und gelobt zu werden__
- ☐ **Till** Richtig, Jana__ Klassensprecher sollte man abschaffen__ Was die können, können wir schon lange__ Unsere Klassensprecherin spricht immer nur für einige Schüler, meistens die Mädchen__ Ist das bei euch genauso__
- ☐ **Ida** Was meinst du, Jana, wer bei uns an der Schule Filmabende, Schuldiskos, die „Kulturarena“ und Sporttage organisiert__ Das machen der Schülersprecher und die SV__ Ich selbst bin Klassensprecherin und sage, wenn der Klasse etwas nicht passt__
- ☐ **Leon** Überflüssig ist nur der falsche Klassensprecher__ Denn der richtige sollte eure Probleme, Sorgen und Wünsche an eure Lehrerinnen und Lehrer weitergeben und mit ihnen nach Lösungen suchen__ Tut er das nicht, löst ihn ab__ Wählt einen, der für euch kämpft__

5 **Ergänze in Aufgabe 4 die Satzschlusszeichen.**

6 **Verberst-, Verbzweit-, Verbletztsatz? Finde jeweils ein Beispiel in Aufgabe 4. Schreibe die Sätze auf.**

Verberstsatz: ______________________________

____

Verbzweitsatz: ______________________________

____

Verbletztsatz: ______________________________

____

7 **Spiele hier die Rolle des Zauberers und lies laut mit der richtigen Betonung. Ergänze die richtigen Zeichen am Ende der Sätze.**

Hereinspaziert, sehr verehrtes Publikum, kommen Sie und staunen Sie__ Haben Sie gute Nerven__ Sie werden sie brauchen__ Sehen Sie diesen jungen Mann__ Schauen Sie ihn noch einmal genau an__ Gleich werden Sie Ihren Augen nicht trauen__ Ottokar, sind Sie bereit__ Dann geht es jetzt los__

Seite 289

Satzverknüpfungen und Konjunktionen

Merke

Konjunktionen (Junktionen/Bindewörter)

Konjunktionen (Junktionen) wie **und, wenn, weil, ob, während, dass, als, aber, oder, obwohl, da** verbinden Sätze oder Teilsätze miteinander zu **Satzverknüpfungen**. → Ich lese das Buch, weil es spannend ist.

Vor den meisten Konjunktionen (Junktionen) steht ein **Komma**.

1 **Bilde sinnvolle Satzverknüpfungen, indem du die richtige Konjunktion (Junktion/Bindewort) verwendest. Ordne zu, schreibe dann die Sätze auf und unterstreiche die Konjunktionen (Junktionen).**

Clara und Mira sind in die Bibliothek gegangen, …	als	sie ein Buch über Australien ausleihen wollen.
Ricardo blieb bis in die frühen Morgenstunden wach, …	und	er einfach nicht aufhören konnte zu lesen.
Luise mag Bücher über Tiere …	während	sie mag Bücher über Expeditionen.
Jara hört ein Hörbuch, …	~~weil~~	ihr Bruder lieber selbst ein Buch liest.
Timo kann die Menge an Büchern kaum fassen, …	da	er das erste Mal in der großen Stadtbücherei steht.
Aaron stellt sich die Frage, …	ob	die Menschen auch in fünfzig Jahren noch Bücher lesen werden.
Ich leihe dir mein Lieblingsbuch, …	wenn	du mir dafür deines gibst.
Die Kinder im Kindergarten glauben, …	aber	es Feen und Zauberer gibt.
Wir werden viele Bücher lesen, …	dass	darunter werden auch einige langweilig sein.

Clara und Mira sind in die Bibliothek gegangen, weil sie ein Buch über Australien ausleihen wollen.

○ **2** **DASS mit Doppel-S steht immer als Konjunktion (Junktion) und leitet einen Verbletztsatz (Nebensatz) ein. DAS mit einfachem S ist niemals eine Konjunktion (Junktion). Aber welches Wort von beiden brauchen wir? Lies zunächst den Text zu dem Buch „Belgische Riesen“ von Burkhard Spinnen.**

Friederikes Vater hat sich von ihrer Mutter getrennt und nun hat er eine neue Frau. Friederikes Mutter kann das Haus nicht mehr bezahlen und ihr Vater kümmert sich mehr um seine neue Freundin als um Friederike. Deshalb plant Friederike mit ihrem Freund Konrad einen höchst abenteuerlichen Rachefeldzug gegen Papas „Neue“, bei dem ein Kaninchen eine zentrale Rolle spielt.

◒ **3** **Lies, wie sich einige Schülerinnen und Schüler zu diesem Buch geäußert haben. Ergänze in den Sprechblasen das oder dass.**

Ich glaube, ________ mir das Buch gefallen wird. ________ lese ich. Ich hatte vor einiger Zeit ähnliche Probleme wie Friederike.

Marram

Ja, ________ leihe ich mir aus. Ich kann mir denken, ________ es ein spannendes Buch ist.

Igor

Ich denke, ________ ________ nichts für mich ist. Früher habe ich Abenteuerbücher gerne gelesen. ________ hat sich geändert.

Daniele

Ein Buch über Probleme mag ich nicht. ________ ist mir zu langweilig. Wisst ihr übrigens, ________ ich selbst Krimis schreibe?

Sandra

● **4** **Verbinde jeweils beide Sätze mit der vorgeschlagenen Konjunktion (Junktion). Denke daran, den Satz hinter der Konjunktion (Junktion) als Verbletztsatz umzustellen. Achte auch auf die Kommasetzung.**

Der Oktober geht zu Ende, wenn endlich das Halloween-Fest kommt.

Kenan und Olli haben sich verkleidet. Sie wollen in ihrer Straße Süßigkeiten sammeln. (weil)

____

Kenan setzt seine Monstermaske auf. Olli erschrickt zuerst sehr. (als)

____

Leider sind nicht viele Leute zu Hause. Ihr Beutel ist schließlich prall gefüllt. (obwohl)

____

Seite 289

Wörtliche Rede und ihre Zeichensetzung

Merke

V18

Wörtliche Rede

Die wörtliche Rede gibt wieder, was eine Person sagt. Sie steht in **Anführungszeichen**.
Der Satz, der die wörtliche Rede einleitet, heißt **Begleitsatz**.
→ Tamara meint: „Ich möchte auch mitspielen."

1 Elena will sich von Jan ein Buch ausleihen. Ordne den Personen die passenden Sprechblasen zu.

1. Elena ruft:
2. Jan fragt:
3. Elena fragt:
4. Jan antwortet:
5. Elena sagt:
6. Jan fordert:

Aber gib es mir dieses Mal gleich wieder, wenn du fertig bist

Ja, was ist denn

Super, ich bin schon so gespannt, wie es weitergeht

Hey, warte mal bitte

Kannst du mir morgen das neue Buch mitbringen

Na gut, ich habe es gerade durchgelesen

2 Schreibe das Gespräch auf. Setze die Satzschlusszeichen und die Anführungszeichen ein.

Elena ruft: „Hey, warte mal bitte!"

3 Alex hat seine Musikanlage viel zu laut aufgedreht. Seine Schwester möchte, dass er die Musik leiser stellt. Denke dir ein Gespräch aus, in dem mindestens ein Fragesatz, ein Aufforderungssatz und ein Aussagesatz vorkommen. Achte auf die Satzschlusszeichen und die Anführungszeichen.

○ **4** **Lies die Fabel und beantworte dann die nachfolgenden Fragen.**

A05

Der Esel und der Fuchs

Nach Äsop

Ein Esel und ein Fuchs hatten beschlossen, miteinander auf die Jagd zu gehen. Dabei begegneten sie einem Löwen, der auf Beute aus war. Der Fuchs, der Gefahr witterte, sagte zu dem Esel, er wolle vorausgehen und mit dem Löwen reden, damit er sie beide in Frieden lasse. Dann ging er auf den Löwen zu und bot ihm an, ihm den Esel auszuliefern, wenn ihn der Löwe dafür ungeschoren lassen würde. Der Löwe ging scheinbar auf den verräterischen Handel ein und stimmte zu. Der Fuchs kehrte zum Esel zurück und erzählte, dass der Löwe einverstanden sei. Er aber kenne einen guten Weg, den sie jetzt gemeinsam gehen sollten. Er führte ihn so listig, dass der Esel in die Falle geriet und dem Löwen nicht mehr entgehen konnte. Der hatte es kaum wahrgenommen, da griff er sich den Fuchs. Den Esel verspeiste er hernach.

1. Welche Tiere kommen vor!

   ____

2. Welche List hat sich der Fuchs ausgedacht?

   ____

3. Welche Tiere werden gefressen?

   ____

● **5** **Gib den Inhalt der Fabel jetzt mit neuen Sätzen wieder. Ersetze die indirekte Rede an den farbig gedruckten Stellen durch direkte, wörtliche Rede,**

z. B. *Der Fuchs sagte zum Esel: „Ich will zuerst zum Löwen gehen und mit ihm reden …"*

____

____

____

____

____

____

____

____

____

____

____

____

Seite 290

Rechtschreibstrategie Zerlegen

Merke

Die Silbe

Wörter bestehen aus **einer** oder **mehreren Silben**. Im Deutschen sind die meisten Grundwörter **zweisilbig**. → Ha|se, Rau|pe

Die **erste Silbe** wird immer betont, also laut gesprochen, und kann
- auf einen **Vokal** (a, e, i, o, u, ä, ö, ü, ei, ie, äu, eu, au) enden = **offene Silbe** → Rie|se, Ho|se
- auf einen **Konsonanten** (d, m, l, t...) enden = **geschlossene Silbe** → Bir|ke, hel|fen

In der **zweiten Silbe** ist immer ein **e** zu finden. Die Stelle, an der zwei Silben aufeinandertreffen, heißt **Silbengrenze**.

1 Lies die folgenden Wortpaare laut. Sprich immer ein Wort mit langem, das andere Wort mit kurzem Vokal. Ergänze die fehlenden Buchstaben und schreibe die Wörter wie im Beispiel auf.

der Wal – der Wal__ *der Wal – der Wall*

die Gase – die Gas__e ______

die Hüte – die Hüt__e ______

der Aal – das Al__ ______

die Rate – die Rat__e ______

sie lasen – sie las__en ______

der Ofen – of__en ______

der Schal – der Schal__ ______

2 Setze unter diese Wörter Silbenbögen.

Zuschauer – Sonnenbrille – Donnerwetter – Nadelbaum – Szenen – Zauberer – Schlafwandeln – Roboter – Aufführung – Gabelbissen – Rolle – Körpersprache

3 Löse das Silbenrätsel und trage die Zweisilber in die richtige Spalte ein.

Kie | ne | Me | der | Dü | den | fern | schen | Nor | Län | ter | Men

Wörter mit offener Silbe	Wörter mit geschlossener Silbe

○ **4** **Lies den Text. Beantworte dann die nachfolgende Frage.**

A06

Eine ungewöhnliche Idee

Tunnel sind eine praktische Sache. Mit der Fahrt durch die Berge kann man viel Zeit sparen. Die Schweizer hatten dazu vor vielen Jahren eine Idee. Ein Eisenbahntunnel durch die Alpen sollte die nördlichen und südlichen Teile der Schweiz verbinden. Sie planen einen 15 Kilometer langen Tunnel. 1872 starten sie den Bau. Ein Teil der Männer arbeitet von Süden her, ein anderer Teil beginnt im Norden. Es wird tief in den Felsen gebohrt, um das Dynamit einzubringen. Die Männer können durch die Dämpfe der Spreng-ungen schlecht atmen. Die Luft im Tunnel hat Erkrankungen zur Folge. Immer wieder kommt es zu Unfällen. Die Arbeiter leben unter sehr schlechten Bedingungen. Sie haben nur kleine Räume, in denen sie mit vielen anderen schlafen und ihr Essen zubereiten müssen. Auch ein Streik ändert die Zustände nicht. Doch dann kommt der Erfolg. 1880 stoßen die beiden Gruppen der Bauarbeiter aufeinander. Die Tunnelteile weichen nur um 30 Zentimeter zur Seite und um fünf Zentimeter in der Höhe voneinander ab.

Was soll der Tunnel miteinander verbinden? Kreuze die richtige Antwort an.

☐ die beiden Gruppen der Bauarbeiter

☐ Frankreich und die Schweiz

☐ den südlichen und den nördlichen Teil der Schweiz

○ **5** Die folgenden Zweisilber stehen alle im Text. Schreibe sie ab. Schreibe den ersten Vokalbuchstaben rot und den zweiten Vokal grün. Trenne die Silben durch einen senkrechten Strich. Die zweite Silbe beginnt immer mit einem Konsonanten.

Berge | sparen | planen | starten | Felsen | Folge | schlafen | Seite

Ber | ge ______________________________

____

○ **6** **Sieh dir oben die zweisilbigen Wörter an. Zeichne alle Silbenbögen. Prüfe, ob alle Wörter auf der ersten Silbe betont werden.**

◒ **7** **Trage die Zweisilber in die Tabelle ein. Unterscheide dabei, ob es sich um eine offene oder geschlossene Silbe handelt.**

offene erste Silbe	geschlossene erste Silbe
spa | ren	Ber | ge

Seite 290

Arbeitstechnik

V19

Das Haus-Garage-Modell

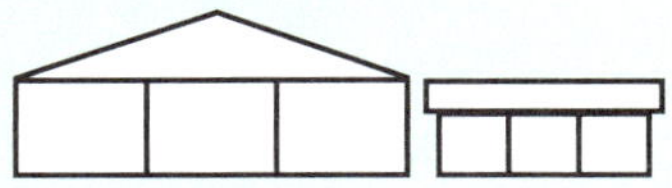

Das Haus-Garage-Modell hilft dir, Wörter **richtig** zu **schreiben**.
Es steht für **zweisilbige** Wörter:
Haus = erste Silbe, **Garage** = zweite Silbe.

einsilbige Wörter
werden verlängert, damit sie ins Modell passen
→ klein – kleiner

zweisilbige Wörter
1. Zerlege das Wort in zwei Silben. → klei|ner
2. Schreibe die erste Silbe in das **Haus**.
   → Im 2. Zimmer ist immer ein Vokal.
   → Ist das 3. Zimmer belegt, spricht man den Vokal davor kurz. → Man|tel
   → Ist das 3. Zimmer leer, spricht man den Vokal davor lang. → Ta|fel
3. Schreibe die zweite Silbe in die **Garage**.
   → Das 1. Zimmer muss besetzt sein.
   → Im 2. Zimmer steht immer der Vokal e.

mehrsilbige und zusammengesetzte Wörter
Zerlege die Wörter in Zweisilber, um sie in das Modell einzubauen. → Kerzen-leuchter

8 Übernimm die Zweisilber aus Aufgabe 7 jetzt in das Haus-Garage-Modell. Trage zuerst die Vokalbuchstaben in die mittleren Zimmer ein. Unterscheide dabei nach offener und geschlossener Silbe.

Berge | sparen | planen | starten | Felsen | Folge | schlafen | Seite

offene Silbe

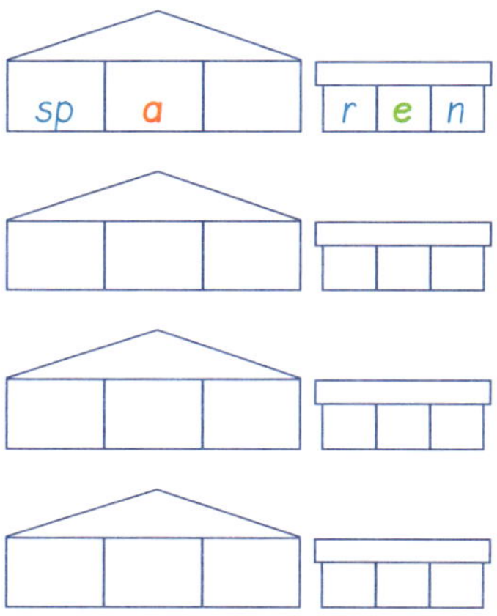

geschlossene Silbe

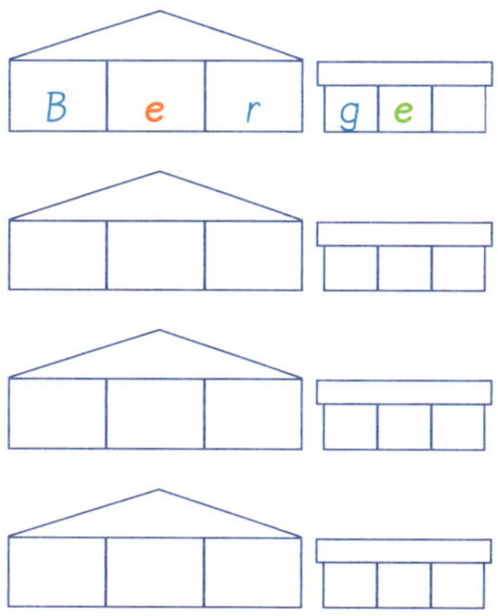

9 Trage auch die folgenden Zweisilber in das Haus-Garage-Modell ein.

Teile | Orte | finden | leben

offene Silbe

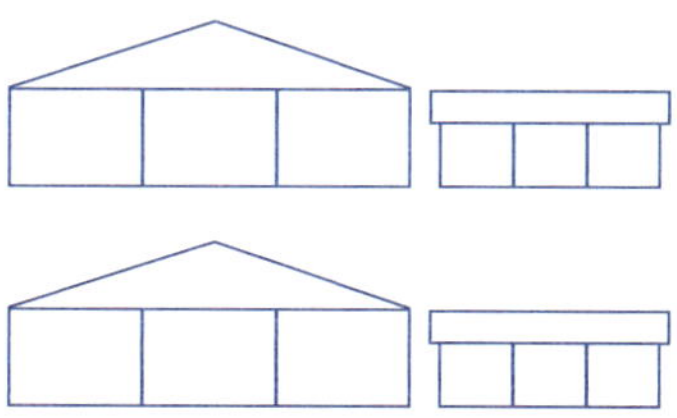

geschlossene Silbe

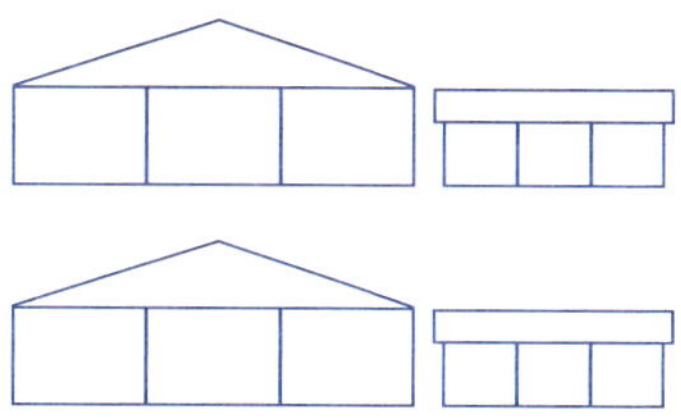

○ **10** **Lies den Text. Fasse ihn dann unten in zwei Sätzen zusammen.**

A07

Die Titanic

Am Morgen des 15. April 1912 stieß die Titanic mit einem Eisberg im Nordatlantik zusammen und sank. Von den 2200 Passagieren an Bord kamen 1500 ums Leben. 700 wurden gerettet. Die Menschen dachten damals, dass dieses stabile Schiff aus Eisen nicht untergehen könnte. 73 Jahre später wird das Wrack in einer Tiefe von 3800 Metern entdeckt. Wer sehr viel Geld zahlt, darf sich das Wrack ansehen. Das ist aber nur im Sommer möglich, weil es sonst zu viel stürmen kann. Die Tauchkapsel ist aus Titan und hat einen Durchmesser von zwei Metern. Zwei Personen und ein Pilot passen hinein. Wenn die Luke geschlossen ist, beginnt der Tauchgang. Er dauert elf Stunden. Schon 50 Meter unter dem Wasserspiegel ist es völlig dunkel. In der Kapsel gibt es nur eine Notbeleuchtung. Es wird sehr kalt. Wenn der Grund erreicht ist, werden die starken Scheinwerfer eingeschaltet. Die Reste der Titanic sind zu sehen. Ein beeindruckender Moment.

○ **11** **Die folgenden Zweisilber stehen alle im Text. Schreibe sie ab. Schreibe den ersten Vokal rot und den zweiten grün. ei und ie gehören jeweils zusammen. Trenne die Silben durch einen senkrechten Strich. Zeichne dann die Silbenbögen.**

Morgen | Leben | Menschen | Eisen | später | Tiefe | stürmen | Luke | Stunden | dunkel

Mor|gen

○ **12** **Kennzeichne die betonte Silbe mit einem dickeren Silbenbogen. Trage jetzt die Zweisilber aus Aufgabe 11 in das Haus-Garage-Modell ein.**

offene erste Silbe

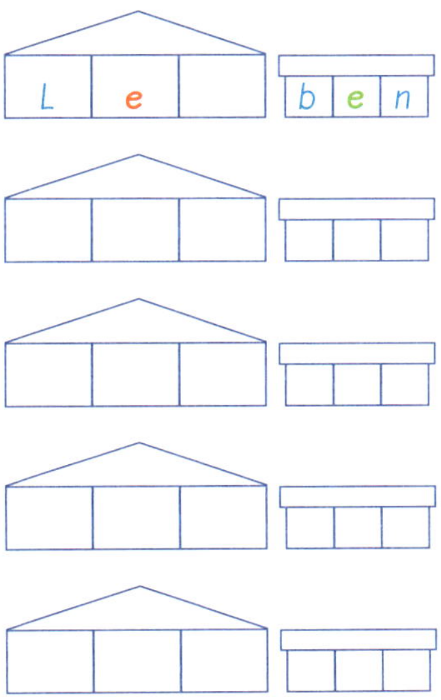

geschlossene erste Silbe

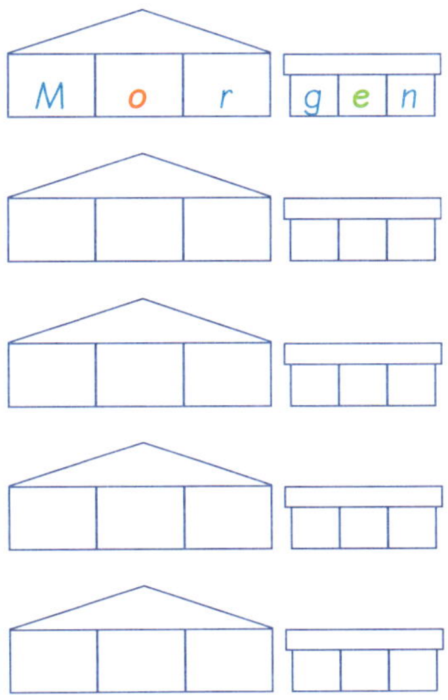

Merke

Doppelkonsonanten und silbentrennendes h

Die folgenden zwei Baumuster von deutschen **Zweisilbern** können das Lesen erleichtern und beim Schreiben helfen:

Baumuster silbentrennendes h
Die erste Silbe **endet auf einen Vokal**. Damit dieser nicht auf das **e** in der zweiten Silbe trifft, steht ein **h** dazwischen. → Schu|he, dre|hen, ho|he, Rei|he

Baumuster Doppelkonsonanten
Nach einem **kurzen Vokal** in der ersten Silbe wird der **Konsonant verdoppelt**, wenn kein weiterer Konsonant zu hören ist. → Klas|se, schwim|men, net|te

Wörter, bei denen nach einem kurzen Vokal nur ein **z** oder nur ein **k** zu hören ist, bilden den Doppelkonsonanten mit **tz** oder **ck**. → Kat|ze, De|cke

13 Schreibe die folgenden Zweisilber ab. Schreibe den ersten Vokal rot und den zweiten Vokal grün. Trenne die Silben durch einen senkrechten Strich. Zeichne die Silbenbögen. Kennzeichne die betonte Silbe mit einem dicken Bogen.

früher | Mühe | drohen | Reihe | wehen | glühen | sehen | Höhe | Nähe

frü|her ______________________________

____

14 Trage nun die Zweisilber aus Aufgabe 13 in das Haus-Garage-Modell ein.

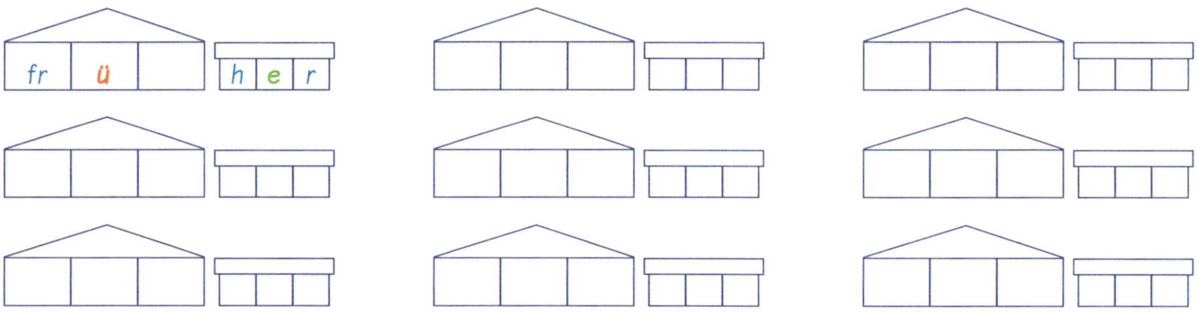

15 Lies die linken Wörter im Haus-Garage-Modell. Ergänze dann rechts die Wörter mit Doppelkonsonantbuchstaben. Trage sie ins Modell ein. Markiere das Silbengelenk mit einem Kreis.

bitten | Hütten | Ratten | wissen

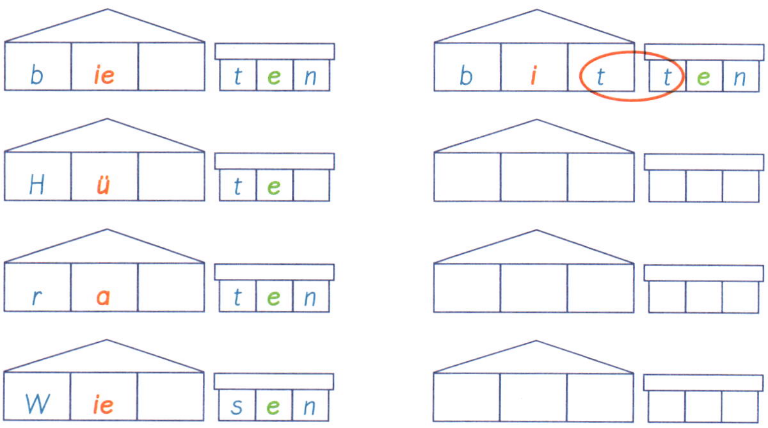

Merke

V20

Wörter mit dem s-Laut / Wörter mit i oder ie

Für die Wörter mit einem **s-Laut** gelten folgende Regeln:

- In den **meisten** Fällen steht ein **s.** → Hase
- Nach einem **kurzen Vokal** steht **ss** (s. Regel für Doppelkonsonanten). → Küsse
- Die wenigen Wörter mit **ß** muss man sich merken. Es gilt aber auch: **ß** steht nach einem langen Vokal. → Füße

Für die Wörter mit **i oder ie** gelten folgende Regeln:

- Ist die erste **Silbe geschlossen**, schreibt man **i**, denn der **Vokal** wird **kurz** gesprochen. → Kin|der
- Ist die erste **Silbe offen**, schreibt man **ie**, denn der **Vokal** wird **lang** gesprochen. → Rie|se

16 **Ergänze s oder ß in den Zweisilbern. Trage sie dann in das Haus-Garage-Modell ein.**

hei___en, Do___e, drau___en, Grä___er, drei___ig, Prei___e

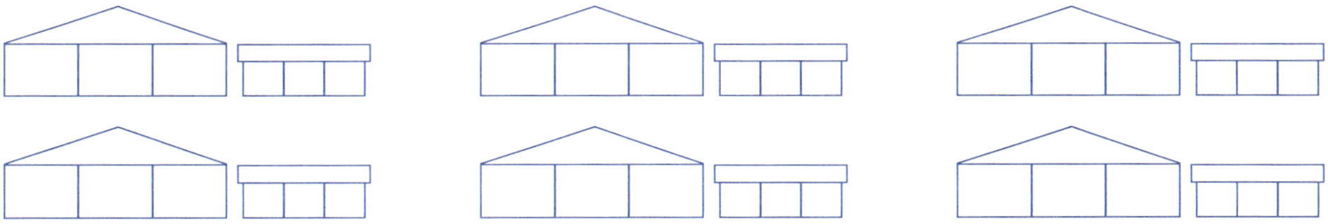

17 **Lies die Einsilber. Bilde aus ihnen verwandte Zweisilber.**

Tier | wiegt | tief

Tier – Tiere

18 **Trage nun die Zweisilber aus Aufgabe 17 ins Haus-Garage-Modell ein.**

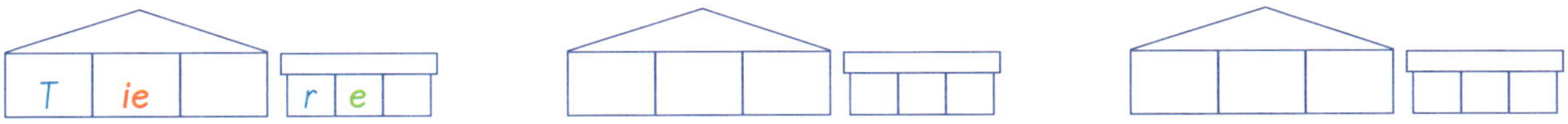

19 **Lies den Text und ergänze bei den Zweisilbern ie oder i. Wenn du unsicher bist, nutze das Haus-Garage-Modell.**

Wale werden durch G___fte im Wasser der Weltmeere bedroht. Kleine Wale und Delfine bleiben oft in Fangnetzen hängen. Durch die v___len Schiffe f___nden die Wale sich nicht mehr gut zurecht. Obwohl sie schon früh geschützt wurden, g___ngen die Bestände weiter zurück. In Zoos haben Delfine häufig nur kleine Becken und sie leiden unter den grellen L___chtern. Delfine sind w___lde T___re, die Platz brauchen. Eines der Z___le der Naturschützer war, die Delfine vor dem Tod in Fangnetzen zu schützen. Eine H___lfe sind besondere Fangnetze, durch die Delfine entkommen können. Gute Beisp___le sind die Schutzgeb___te für Wale.

Seite 291

Rechtschreibstrategie Ableiten

Merke

V21

Rechtschreibstrategie Ableiten

Will man wissen, ob ein Wort mit **e** oder **ä**, **eu** oder **äu** geschrieben wird, muss man **ableiten**. Findet man verwandte Wörter mit **a** oder **au**, dann schreibt man **ä** oder **äu**.
→ Wärme – warm, Träume – Traum

1 Lies den Text und beantworte die nachfolgenden Fragen in Stichworten.

A08

Sonderbare Eidechsen

Die heimischen Eidechsen nutzen Bahndämme und Waldränder als Lebensräume, einige mögen Laubwälder. Häufig sind sie an Berghängen anzutreffen. Manche leben an einem Gewässer. Eidechsen brauchen die Sonnenwärme. In den Nächten kühlen sie aus. Wenn sie morgens aus ihren Verstecken kriechen, suchen sie ihre Sonnenplätze auf. Sie benötigen die Sonne, um ihre Körpertemperatur zu verändern und sich beweglicher zu machen. Wenn die bräunlichen oder grünlichen Reptilien dann auf warmen Steinen liegen, kann es gefährlich für sie werden. Um Angreifer bei der Flucht zu täuschen, werfen sie manchmal ihre Schwänze ab. Es funktioniert, weil das Gewebe an dieser Stelle schwächer ist. Der Schwanz zuckt weiter und lenkt den Feind ab. Zum Glück wächst das Körperteil nach, wenn auch meist nicht auf die alte Länge. In einigen Fällen wird es nicht völlig abgetrennt und ein Stück bleibt erhalten. Trotzdem bildet sich ein zusätzlicher Schwanz. Das kann sogar mehrfach passieren. Dann läuft die Eidechse tatsächlich mit zwei oder mehreren Schwänzen herum.

Warum brauchen Eidechsen die Sonne? ______________________

Warum werfen sie den Schwanz ab? ______________________

2 Schreibe die Wörter mit ä aus dem Text heraus. Ergänze die Ableitungen und unterstreiche ä und a.

Bahndämme – Damm, ______________________

____

____

3 Im Text oben stehen auch einige Wörter mit äu. Notiere sie und ihre Ableitungen. Unterstreiche äu und au.

Lebensräume – Lebensraum, ______________________

____

____

4 **äu oder eu? Ergänze die fehlenden Buchstaben in der Zeitungsmeldung.**

Berlin – Hunde sind die besten Fr_____nde des Menschen. Sie sind tr_____ und echte Familienmitglieder. Sie gelten h_____fig als schick. Manche Hunde nehmen sogar an Schönheitswettbewerben teil. Wer in der Großstadt lebt und von einem Hund tr_____mt, sollte sich das h_____tzutage allerdings gut überlegen.

In einer Großstadt sind sehr viele Hunde unterwegs. Manche Hunde bellen daher ständig, statt fr_____ndlich an der Seite von Herrchen oder Frauchen Gassi zu gehen. Andere Hunde fühlen sich vor den Geschäften alleingelassen und h_____len. Und was passiert, wenn so ein Vierbeiner unter B_____men und Str_____chern sein Geschäft verrichtet? Hat sein Besitzer keinen B_____tel dabei, um das Ganze wegzur_____men, kann das richtig t_____er werden. In New York muss man für so ein unbeseitigtes „H_____fchen" im Schnitt 1000 Dollar Strafe zahlen. Das sind umgerechnet 910 _____ro. Auch in D_____tschland gibt es Bestrebungen, die Strafe für zurückgelassene Hundeh_____fchen von derzeit ca. 75 _____ro zu erhöhen.

5 **Trage ä ein, wenn es ein verwandtes Wort mit a gibt. Schreibe sonst e.**

drängen, Kelche, sch____men, P____ndel, s____nken, D____mpfe, Schw____ne,

R____ntner, Sch____lm, w____lzen, verl____dt, schl____nkern, gl____nzen, gr____men

6 **Unterstreiche die Wörter mit ä und äu, die sich NICHT ableiten lassen.**

Dämmerung Krämpfe Schärfe Gäule räkeln Ähre grämen Säule

kläffen Krähe Läuse sägen säen Prägung Knäuel Säbel Schächte

7 **Schwierig wird es, zwischen ä/e oder äu/eu zu entscheiden, wenn sich die Wörter ähneln. Setze die richtigen Buchstaben in die Lücken.**

schwärzen	scherzen	M_____rz	H_____rz
Pf_____ffer	Kl_____ffer	P_____rle	S_____rge
Kr_____ter	L_____te	h_____te	H_____te
Kr_____mpfe	Kr_____mpel	Schl_____chter	schl_____chter

Rechtschreibstrategie Verlängern

Merke

V22

Rechtschreibstrategie Verlängern

Will man wissen, ob ein Wort **am Ende** mit **g** oder **k**, **b** oder **p**, **d** oder **t** geschrieben wird, muss man es **verlängern**. Beim deutlichen Sprechen kann man die richtige Schreibweise hören.

→ Berg → Berge / Gelenk → Gelenke, gib → geben / Typ → Typen, wild → wilder / bunt → bunter

1 **Verlängere die Wörter und finde so die richtige Schreibweise heraus. Ergänze die fehlenden Buchstaben. Schreibe das verlängerte Wort in die Klammern.**

1. **b** oder **p**?
   - das Lo*b* *(loben)*
   - gi__ es mir (__________)
   - der Rau__ (__________)
   - das Kal__ (__________)
   - das Gra__ (__________)
   - der Ty__ (__________)
   - das Sie__ (__________)

2. **g** oder **k**?
   - das Wer__ (__________)
   - die Bur__ (__________)
   - der Zwer__ (__________)
   - der We__ (__________)
   - das Wer__ zeu__ (__________) (__________)
   - der Schla__ (__________)

3. **d** oder **t**?
   - der Hun__ (__________)
   - leich__ (__________)
   - lau__ (__________)
   - die Wan__ (__________)
   - bun__ (__________)
   - gesun__ (__________)
   - die Wu__ (__________)

2 **Bei diesen Wörtern ist es noch etwas schwieriger, den richtigen Buchstaben herauszufinden. Wie kannst du dir hier helfen? Ergänze die fehlenden Buchstaben und notiere die verlängerten Wörter.**

Ber*g*spitze *(Berge)*	Han__werker (__________)	Gol__sack (__________)
Bur__tor (__________)	Lan__schaft (__________)	Ra__haus (__________)
Krau__salat (__________)	Wal__weg (__________)	Ra__weg (__________)

3 **Ergänze auch hier die fehlenden Buchstaben. Nutze die Rechtschreibstrategie Verlängern.**

Falsches Taxi

Sonnta__aben__ rau__te ein 54-jähriger Einbrecher – der Polizei bereits bekann__ – eine Wohnun__ am Stadtran__ aus. Bei Mon__lich__ stie__ er auf dem Rückwe__ in ein Taxi – in das falsche. Der Fahrer erkannte den Fahrgas__. Er hatte einen Ta__ zuvor ein wertvolles Wan__bil__ und Gel__ geraub__ und wurde bereits gesuch__. Die Polizei, die per Fun__ herbeigerufen wurde, nahm den Die__ fest.

○ **4** **Beim folgenden Text scheinen einige Buchstaben im Eis begraben zu sein. Schaffst du es trotzdem, den Text richtig zu lesen?**

Ein sensationeller Fund

Der Tote liegt mit offenem Mun❄ in einer Spezial-Kühlbox in Bozen (Italien). Sein Fun❄ ist eine Sensation. Deshalb wir❄ er wie ein Heili❄tum behandelt. Seine Hau❄ ist lederarti❄. Knochen, Muskeln und Organe sind in gutem Zustan❄. Über fünftausen❄ Jahre lang la❄ der Tote im Eis eines Gletschers in den Ötztaler Alpen. Weil die Sonne star❄ brannte, schmolz der Ran❄ der Eisfläche. 1991 ga❄ der Gletscher die Mumie frei.

Ber❄wanderer fanden „Ötzi“ auf etwa 3200 Meter Höhe. Hier star❄ er im Monat September. Vielleicht wurde er an der Bergwan❄ von einem plötzlichen Wintereinbruch überrascht. Er muss ein mutiger Ty❄ gewesen sein. Sonst hätte er sich nicht allein in diese Eiswüste gewa❄t.

◒ **5** **Trage die Wörter aus Aufgabe 5, bei denen Buchstaben fehlen, in die richtige Tabellenspalte ein. Suche jeweils eine verlängerte Wortform und ergänze den fehlenden Buchstaben. Schreibe das verlängerte Wort daneben.**

b oder **p**?	**d** oder **t**?	**g** oder **k**?
______	*Mund – Münder*	*heilig – heilige*
______	______	______
______	______	______
______	______	______
______	______	______
______	______	______
______	______	______
______	______	______

○ **6** **Aus zwei mach eins! Markiere das b am Ende des Wortstammes.**

kleben, der Stoff *der Klebstoff* ______ schreiben, der Tisch ______

loben, das Lied ______ schrauben, der Deckel ______

leben, der Kuchen ______ haben, die Gier ______

rauben, der Vogel ______ saugen, der Staub ______

◒ **7** **g oder k? Setze ein.**

auf der Ber__wiese lie__en, das Flu__zeu__ flie__t tä__lich nach Berlin, das richti__e Wer__zeu__ benutzen, ein klu__er Hund, ein verträ__licher Mensch

Seite 291

Rechtschreibstrategie Merken (M)

Merke

Rechtschreibstrategie Merken (M)

Wörter, bei deren Schreibung Rechtschreibstrategien nicht helfen, muss man im **Wörterbuch nachschlagen** oder sich **merken**.

Hilfe: Wörter aus einer Wortfamilie oder mit der gleichen Merkstelle **aufschreiben**.

○ **1** **Lies die Party-Einladung und unterstreiche Wörter mit besonderer Schreibung.**

Der Mars lebt!
Liebe Faschingsfreunde
aus dem Universum!

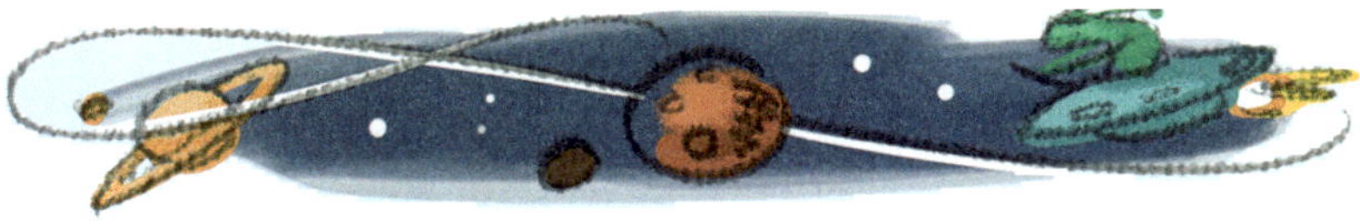

Wir, die Außerirdischen aus der Galaxis der 5a, laden euch zu unserer Luxus-Faschingsparty ein. Sie soll am 26. Februar, 14.00 Uhr bis 18.00 Uhr im Lesesaal der See-Schule stattfinden.

1. Eingeladen sind: alle Narren und Närrinnen aus den 5. Klassen sowie Hexen, Nixen, Feen und Theaterkünstler aus den 6. Klassen und außerdem auch sechs sympathische Erwachsene
2. Zu essen gibt es: Echsen-Kekse, Wachs-Krapfen, Fuchs-Plätzchen, Jux-Brote und andere exotische Köstlichkeiten
3. Zu trinken gibt es: Beeren-Tee, Meerwasser-Kaffee, Boxer-Limo, Schnee-Milch und andere Mix- und Murksgetränke

○ **2** **Diese Wörter musst du dir einprägen. Trage die Merkwörter aus der Einladung in die Tabelle ein. Bei Zusammensetzungen schreibe nur das betreffende Wort.**

Wörter mit aa, ee, oo	Wörter mit ks-Laut (chs, x, ks, cks, gs)	Wörter mit y, th, ph, qu
der See	die Galaxis, der Luxus	die Party

! Merke

Fremdwörter

Fremdwörter sind Wörter, die aus einer **anderen Sprache** übernommen wurden.
Sie unterscheiden sich von deutschen Wörtern durch ihre **besondere Aussprache** oder **Schreibung**. Man muss sie sich **merken**.
Fremdwörter erkennt man an:

- **bestimmten Buchstabenfolgen** → z. B. Atmosphäre, Theorie, Chor
- bestimmten **Buchstaben, die anders gesprochen werden** → z. B. Jeans, Friseur, Niveau
- **bestimmten Endbausteinen** → z. B. transportieren, Information.

○ **3** **Ergänze in der Tabelle in Aufgabe 2 auch die folgenden Wörter mit bestimmtem Artikel.**

Achse · Alphabet · Apotheke · Beet · Examen · Ochse · Luchs · Paar · Praxis · Quadrat · Quark · Strophe · tragsüber · Waage · wachsen · Zoo · wechseln · Speer · Aal

◒ **4** **Mit welchen Buchstaben fangen die Wörter an? Verbinde die Wortteile auf den Fischen mit dem passenden Köder. Schreibe die Wörter auf. Schreibe die Substantive/Nomen mit bestimmtem Artikel auf .**

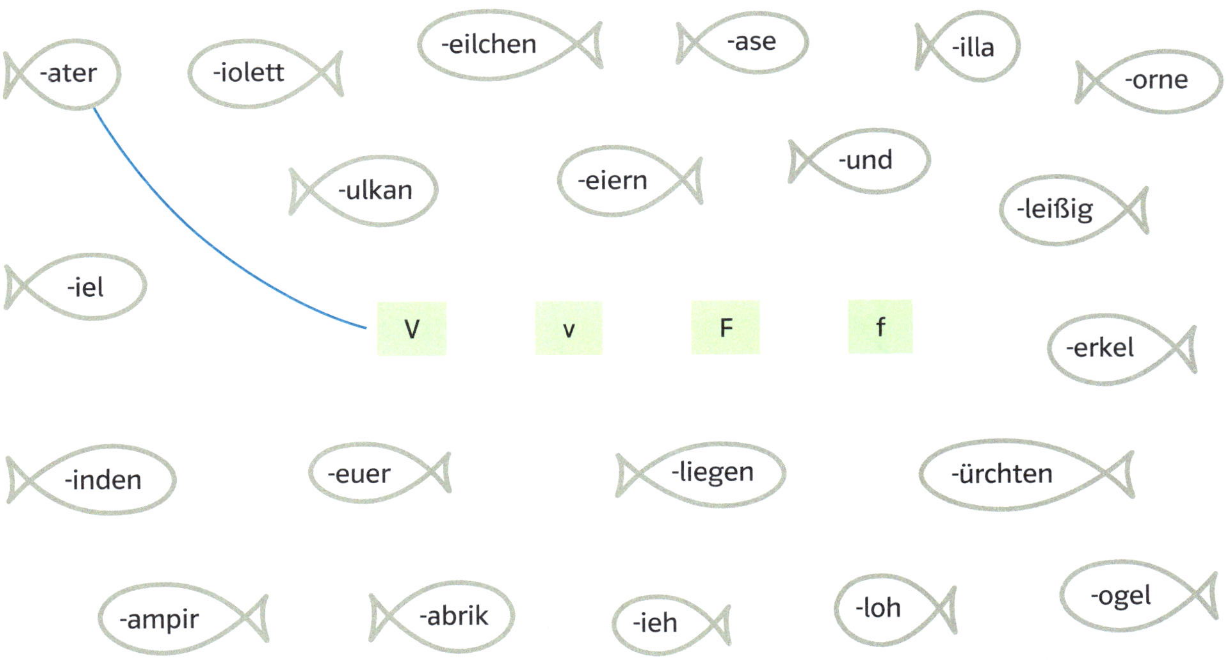

der Vater, ...

Seite 291

5 Lies und markiere jeweils den langen Vokal. Welche Wörter enthalten ein Dehnungs-h (stummes h)?

Gerät	streben	umkehren	Pfeifton	Laken
berühmt	nämlich	sie nahm	Rundfunkhörer	Steg
Düne	Bildröhre	Aufbewahrung	dämlich	
erleben	plagen	ernähren	Maisöl	

Wörter mit Dehnungs-h: ______________________________

6 Manche Wörter brauchen ein Dehnungs-h (stummes h). Schreibe die gespiegelten Wörter richtig herum. Füge ein h ein, wo es nötig ist.

tiezlaM → Mahlzeit
hcublaM → ______________
mortS → ______________
ortS → ______________
ewnaZ → ______________
dlawrU → ______________
regiezrU → ______________
gatlaW → ______________
gnaflaW → ______________

Merke

Dehnungs-h (stummes h)

Ein Dehnungs-h (stummes h) kann **nach einem langen Vokal** und vor **l**, **m**, **n** und **r** stehen.

Das Dehnungs-h (stumme h) bleibt im **Wortstamm** bei allen Wörtern einer **Wortfamilie** erhalten.

→ Zahlen, zahlreich, aufzählen

Sprachtipp

Sprich die Wörter laut mit.

7 Shirin hat letzte Woche auf dem Flohmarkt viele Dinge verkauft. Ergänze die Wörter in der richtigen Schreibweise. Wo brauchen wir kein Dehnungs-h (stummes h)?

Schreibmasch_____ne	R_____delschlitten	Müslisch_____lchen
F_____rradhelm	R_____rschüssel	B_____rmaschine
_____lgemälde	Korkenz_____her	Blumenv_____se
Stadtpl_____n	Wohnzimmergard_____ne	Wollsch_____l
Winterst_____fel	T_____gerfell	Bilderr_____men

8 Setze die richtigen Buchstaben ein. Du kannst ein Wörterbuch benutzen.

a, aa oder ah?

den S_____l betreten, ein P_____r Schuhe, ein schm_____ler Weg, zum ersten M_____l allein verreisen, den Vorn_____men und den Familienn_____men angeben, ein Bild m_____len, den Stundenpl_____n abschreiben, die F_____rt unterbrechen, mit dem F_____rrad f_____ren, Kaffee m_____len, Z_____nschmerzen h_____ben, die Rechnung bez_____len

e, ee oder eh?

ein schw_____res Paket tragen, keinen F_____ler machen, in einem S_____ baden, eine rostige Sch_____re, nicht f_____len, M_____l abwiegen, im L_____rbuch nachl_____sen, aus dem Fenster s_____en

o, oo oder oh?

die Pers_____nen zählen, in einer Altbauw_____nung w_____nen, den Z_____ besuchen, mit dem B_____t über das Meer fahren, den T_____n angeben, innen h_____l sein, den Kranken sch_____nen, den Bruder abh_____len, er muss sch_____n gehen, die Sch_____nung darf nicht betreten werden

u oder uh?

sich auf einen St_____l setzen, mit Bl_____men schmücken, etwas G_____tes t_____n, den Fl_____r entlanggehen, die U_____r geht nach, mit einer Schn_____r zusammenbinden

ü oder üh?

das Geschirr sp_____len, einen Bl_____tenzweig in die Vase stellen, den Zaun gr_____n streichen, an einer F_____rung durch das Museum teilnehmen

ö oder öh / ä oder äh?

beim Fris_____r den F_____ erw_____nen, vor Langeweile g_____nen und st_____nen, den B_____ren mit M_____ren verw_____nen, durch lautes Dr_____nen auf b_____se Art st_____ren

9 Auch die folgenden Wörter musst du dir merken. Setze ai oder ei ein. Das Wörterbuch darf helfen.

Ein H_____ ist ein gefährlicher Raubfisch.

Ohne Fl_____ß kein Pr_____s.

Aus M_____s wird Popcorn gemacht.

Die Z_____t heilt alle Wunden.

Wenn zw_____ sich str_____ten, freut sich der Dritte.

Gitarren werden mit S_____ten bespannt.

Ein Buch hat viele S_____ten.

Seite 291

Rechtschreibstrategie Großschreibung

Arbeitstechnik

V23

Tests zum Erkennen von Nomen

1. Kann man das Wort mit einem **Artikelwort/ Pronomen** kombinieren?
   → der, die, das, eine, deine…
2. Lässt sich direkt vor das Wort ein **Adjektiv** setzen, das dabei verändert wird?
   → schöne Frage
3. Endet das Wort auf **-keit, -nis, -schaft, -ung, -heit, -tum**? → Achtsamkeit, Spülung, Dummheit

Kannst du eine oder mehrere Fragen mit „Ja" beantworten, wird das Wort großgeschrieben.

!Achtung! Am Satzanfang werden alle Wörter großgeschrieben.

1 Lies den Märchenanfang.

Schneewittchen

Es war einmal mitten im Winter, und die Schneeflocken fielen wie Federn vom Himmel herab. Da saß eine Königin an einem Fenster, das einen Rahmen von schwarzem Ebenholz hatte, und nähte. Und wie sie so nähte und nach dem Schnee aufblickte, stach sie sich mit der Nadel in den Finger, und es fielen drei Tropfen Blut in den Schnee. Und weil das Rote im weißen Schnee so schön aussah, dachte sie bei sich: Hätt' ich ein Kind, so weiß wie Schnee, so rot wie Blut und so schwarz wie das Holz an dem Rahmen! Bald darauf bekam sie ein Töchterlein, das war so weiß wie Schnee, so rot wie Blut und so schwarzhaarig wie Ebenholz und ward darum Schneewittchen genannt ...

2 **Nomen haben verschiedene Artikelwörter und verschiedene Geschlechter. Einige aber brauchen keinen Artikel. Trage die im Text rot markierten Wörter in die Tabelle ein, mit ihrem Artikelwort.**

der → männlich (maskulin)	die → weiblich (feminin)	das → sächlich (neutral)

Arbeitstechnik

Treppen bauen

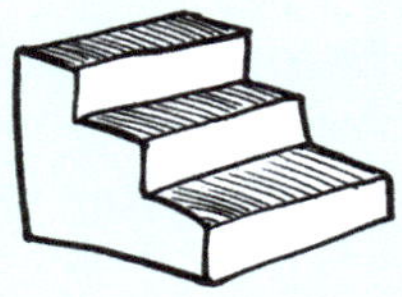

Eine **Wortgruppe mit einem Nomen** als Kern kann durch **Adjektive** zu einer **Treppe** erweitert werden. Das **Nomen** rutscht dabei immer weiter **nach rechts**:

der Schuh	mit Helm	deine Technik
der neue Schuh	mit neuem Helm	deine neue Technik
der coole, neue Schuh	mit coolem, neuem Helm	deine coole, neue Technik

Diese Technik kannst du anwenden, wenn du herausfinden willst, welches Wort ein Nomen ist: Es steht in der Wortgruppe immer ganz rechts.

3 **Im folgenden Text haben sich manchmal Adjektive zwischen das Artikelwort und das Nomen geschoben. Markiere jeweils das Artikelwort und sein dazugehöriges Nomen. Ergänze dann weitere Adjektive.**

Wohnraumprobleme?

Selbstverständlich wohnte damals ein echter Ritter auf einer richtigen Burg – so glauben viele. Doch das stimmt nicht. Denn um eine prächtige Burg zu bauen und Jahr für Jahr unterhalten zu können, musste man über eine enorme Menge Geld oder Besitz verfügen. Das aber taten die einfachen Ritter nicht. Die überwiegende Mehrheit von ihnen wohnte also einfach draußen auf dem Land, meist in einem bescheidenen Dorf, wie die oft armen Bauern.

ein echter, tapferer, tadelloser, geachteter Ritter

eine richtige, schöne…

4 **Dieser Text ist schwer zu lesen, weil die Großschreibung nicht stimmt. Versuche es trotzdem.**

merkmale von märchen

märchen lassen sich leicht an den immer wieder verwendeten formulierungen erkennen, die auch am anfang und am schluss stehen. zu beginn begeben sich die hauptfiguren oft von zu hause fort und wandern durch die welt. da begegnen sie häufig wesen mit magischen kräften – auch bösen gestalten. am ende siegt meist die gute seite. die märchen vermitteln die hoffnung, dass man auf das glück treffen kann – selbst wenn man vorher viele abenteuer bestehen und hindernisse überwinden muss.

5 **Unterstreiche jetzt alle Nomen, es sind 20. Schreibe den Text mit Großschreibung auf.**

Seite 292

Wörterbucharbeit

Arbeitstechnik

V24

Arbeiten mit dem Wörterbuch

Die **Wörter** in einem Wörterbuch sind nach dem **Alphabet** geordnet. Wenn der **Anfangsbuchstabe gleich** ist, sind die Wörter nach dem **zweiten Buchstaben** geordnet, dann nach dem **dritten** usw.

Vor dem Nachschlagen musst du das gesuchte Wort manchmal noch **anpassen**, denn im Wörterbuch stehen nur **Grundwörter**.

- Du suchst ein **Verb**. → Bilde den **Infinitiv**. (flog → fliegen)
- Du suchst ein **Nomen**. → Bilde den **Singular**. (Wälder → Wald)
- Du suchst ein **Adjektiv**. → Bilde die **Grundstufe**. (höher → hoch)
- Du suchst ein **zusammengesetztes Wort**. → Finde die **Grundwörter**. (Kastenform → Kasten + Form)

1 **Welches der folgenden Wörter ist richtig geschrieben? Unterstreiche es und schreibe es auf. Überprüfe die Schreibweise mithilfe eines Wörterbuches.**

(Spur) Fährte – Ferte – Färte *die Fährte*

Kanienchen – Kaninchen – Kaninschen ____________________

Renntier – Räntier – Rentier ____________________

Tiger – Tieger – Tihger ____________________

Aphotheke – Apotheke – Apoteke ____________________

Rhythmus – Rythmus – Rhytmus ____________________

zimlich – ziemlich – ziehmlich – zihmlich ____________________

vorwärtz – vorwärz – vorwärts – vorwerts ____________________

Teater – Theather – Theater – Teather ____________________

2 **Schlage die folgenden Wörter im Wörterbuch nach. Notiere die Seitenzahl und schreibe zu jedem Wort mindestens vier Wörter derselben Wortfamilie auf.**

Affe → Wörterbuchseite ______ zur selben Wortfamilie gehören:

____

____

Spinne → Wörterbuchseite ______ zur selben Wortfamilie gehören:

____

____

Schlange → Wörterbuchseite ______ zur selben Wortfamilie gehören:

____

____

3 **Wie lautet das Lösungswort? – Ordne die folgenden Wörter alphabetisch und schreibe sie untereinander. Bei richtiger Reihenfolge ergeben die rot gedruckten Buchstaben das Lösungswort.**

Gepard ______

Panda ______

Biber ______

Dromedar ______

Alligator ______

Schildkröte ______

Ringelnatter ______

Leopard ______

Lösungswort: ______

4 **Wörterbuchquiz – Nutze für die Beantwortung der Fragen ein Wörterbuch. Notiere auch die Seite, auf der du die Auskunft erhalten hast, z. B.**

a Wie heißt der Plural von Kaktus? *Kakteen (Seite)*

b Wie oft kann man das Wort Abend trennen? ______

c Wie lautet das Perfekt von winken (ich habe ge…)? ______

d Wie lautet das Perfekt von sinken (das Schiff ist ge…)? ______

e Heißt es der, die oder das Radiergummi? ______

f Mit d oder t? – En__führung, En__station? ______

g Wie ist es richtig: Kathastrophe – Kattastrophe – Katastrophe – Kathastrofe?
Unterstreiche. (Seite ____) ______

h Wie heißt der Plural von Globus? ______

i Wie lautet das Präteritum von fahren (wir … gestern)? ______

j Wie ist es richtig: Flehdermaus – Fledamaus – Fledermaus? ______

k Wie lautet die 3. Person Singular Präsens von erschrecken (er/sie er …)?
______

l Schreibt man „Er hat recht." oder „Er hat Recht."? ______

m Heißt es korrekt „trotz dem schlechten Wetter" oder
„trotz des schlechten Wetters"?
______

Seite 261

Silbentrennung

Merke

Worttrennung am Zeilenende

Mehrsilbige Wörter trennt man nach Sprechsilben, die sich beim langsamen Sprechen von selbst ergeben. → Sil-ben-tren-nung

Einzelne Buchstaben werden nicht abgetrennt. → Über-see (nicht: Ü-bersee), Olym-pia-dorf (nicht O-lympia-dorf)

Zusammengesetzte Wörter werden nach ihren Bestandteilen getrennt. → Schluss-szene, Glas-auge, Trenn-übung, See-elefant, Straußen-ei, Druck-erzeugnis

!Achtung!
pf, tz und **st** werden getrennt.
ch, ck, sch, ph und **th** werden nicht getrennt.

1 Schreibe den Tipp in richtiger Groß- und Kleinschreibung auf.

AMBESTENNURTRENNEN,WENNESÜBERHAUPTKEINENPLATZMEHRAMENDEDERZEILEGIBT.

2 Bei folgenden Wörtern sind die Silben vertauscht. Schreibe die Wörter richtig auf und trenne sie. Achte auf die Groß- und Kleinschreibung.

schetaSchul | ckerDru | ~~geAu~~ | rigknusp | stücksFrühei
zenkrat | fenkämp | leHanhüldy | nasAna | derlenKa

Au-ge,

3 Trenne die folgenden Wörter so oft wie möglich.

Silvesterkarpfen | Knäckebrotkrümel | Trockenfrüchte
Wackelpudding | Kakaopulver | Fischstäbchen
Blutorangeneis | Mentholbonbons | Astronautenkost

Sil-ves-ter-karp-fen

4 **Bilde mit den folgenden Silben möglichst viele Wörter und schreibe sie auf. Streiche die verwendeten Silben durch. Achte auf die Groß- und Kleinschreibung.**

the mie ma tik che un richt

ter ler spre beits ar gramm

cher ma pro schü bar ber rha

5 **So hat der Computer getrennt. Berichtige die folgenden Trennungen so, dass Missverständnisse vermieden werden.**

Blumento-pferde *Blumentopf-erde*

Schulk-inder

uns-icher

bein-halten

Bäcker-ei

Wachs-tube

Aussen-dung

Stiefel-tern

Schwimmen-te

Spargel-der

6 **Wie würde der Computer die markierten Wörter der Ernährungsregeln trennen? Schreibe sie getrennt auf.**

Ernährungsregeln

Esst immer so gesund wie möglich.
Ernährt euch stets mit viel Abwechslung.
Kaut ausgiebig und genießt die Mahlzeit.
Esst nicht zu stark gesalzen, sondern
würzt mit Kräutern und Gewürzen.
Achtet unbedingt auch auf die versteck-
ten Fette.

mög-lich

7 **Welche Wörter im Text aus Aufgabe 6 können wir trennen? Welche nicht? Sprich alle Wörter deutlich in Silben. Schreibe sie anschließend so auf.**

Er-näh-rungs-re-geln Esst im-mer

Seite 278–279

Eine Geschichte zu einem Bild schreiben

○ **1** **Plane zu dem Bild mithilfe eines Erzählplans eine Erzählung. Notiere zu den folgenden Fragen Stichworte.**

- **Einleitung**

Wer? ______________________________

Wie? ______________________________

Wo? ______________________________

Wann? ______________________________

Was? ______________________________

- **Hauptteil**

Was machen die Figuren?

____

____

____

Was passiert den Figuren?

____

____

____

Erzählschritt 1

Erzählschritt 2

Erzählschritt 3

- **Schluss**

Gibt es ein gutes oder ein schlechtes Ende?

Was passiert am Ende der Geschichte?

2 Gib deiner Erzählung eine passende Überschrift.

3 Schreibe deine Geschichte nun vollständig auf ein extra Blatt.

Tipp

Verwende unterschiedliche Satzanfänge, abwechslungsreiche Adjektive und treffende Verben.

Selbsteinschätzung

Was ist dir gut gelungen?

Wobei hattest du Probleme?

Seite 277

Eine Fantasiegeschichte schreiben

○ **1** **Schreibe eine spannende Fantasiegeschichte. Ordne die folgenden Stichworte in einer sinnvollen Reihenfolge.**

flackernder Lichtschein – Geräusche – Wind weht – zitternd – unter der Decke hervorschauen – allein zu Hause – Stille – lauschen – müde – Buch „Gruseltiere" – gähnen – sanftes Klopfen – Geräusche im Badezimmer – summende Melodien im Hintergrund – Bettdecke über den Kopf – Schatten an der Tür – spannende Geschichten – Montagabend – …

Montagabend – ______________________________

____

____

____

____

____

○ **2** **Schreibe zuerst die Einleitung.**

Wo? ______________________________

Wer? ______________________________

Was? ______________________________

____

____

○ **3** **Schreibe nun den Hauptteil. Ordne deine Ideen verschiedenen Erzählschritten zu und lass die Geschichte spannender werden.**

____

____

____

____

____

____

____

____

____

____

○ **4** **Schreibe jetzt den Schluss deiner Geschichte. Löse die Spannung auf.**

> **Tipp**
> Denke dir einen überraschenden Schluss aus.

○ **5** **Gib deiner Geschichte eine passende Überschrift.**

○ **6** **Wenn du deine Gruselgeschichte geschrieben hast, überprüfe sie mithilfe dieser Checkliste.**

Checkliste

Überprüfe: Hast du ...	**ja**	**nein**
... alle Wörter aus Aufgabe 1 verwendet?	☐	☐
... Spannung durch passende Adjektive, Verben und Satzanfänge aufgebaut?	☐	☐
... Gedanken und Gefühle beschrieben?	☐	☐
... die wörtliche Rede verwendet?	☐	☐
... einen überraschenden Schluss erfunden?	☐	☐
... eine passende Überschrift formuliert?	☐	☐
... das Präteritum verwendet?	☐	☐
... die Geschichte in Einleitung, Hauptteil und Schluss gegliedert?	☐	☐
... die Geschichte in Absätze eingeteilt?	☐	☐

○ **7** **Verbessere deine Geschichte mithilfe der Checkliste und schreibe sie noch einmal vollständig auf ein extra Blatt.**

Selbsteinschätzung
Was ist dir gut gelungen?

Wobei hattest du Probleme?

Seite 282

Einen Gegenstand beschreiben

Lacrosse: Ein Ballsport aus Nordamerika

Zehn gegen zehn Spieler kämpfen auf einem fußballfeldgroßen Rasen um einen kleinen Ball. Ziel ist es, möglichst viele Tore zu schießen. Gespielt wird mit einem kescherartigen Schläger. Die Spieler schleudern (passen) sich den Ball zu oder rennen mit dem Ball im Schlägerkorb.

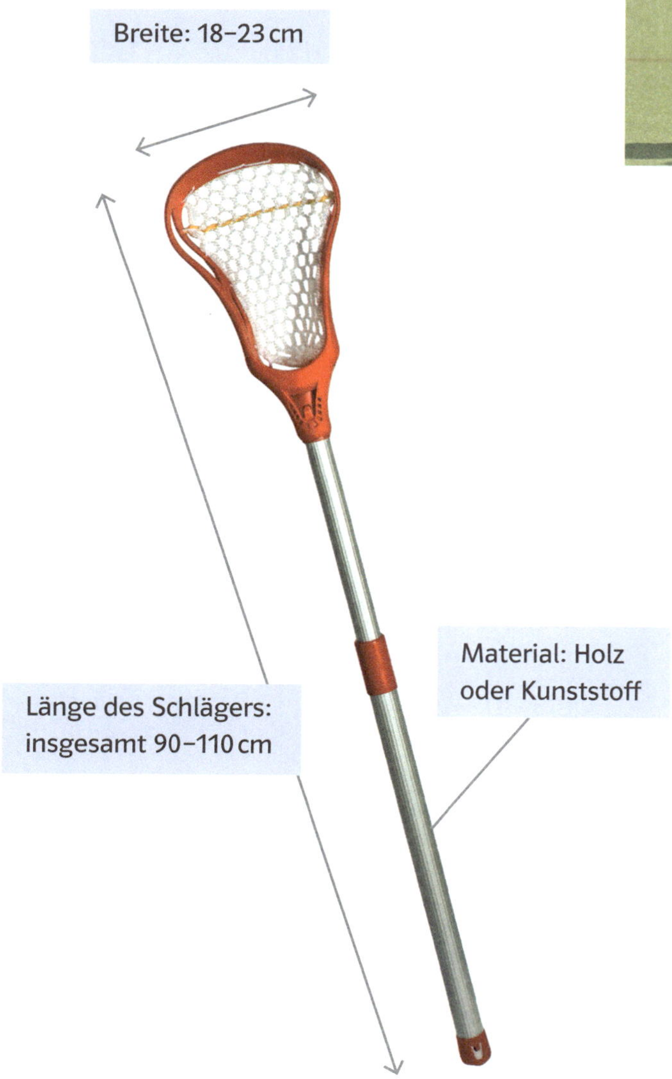

Kira war in den Sommerferien in Kanada und hat dort die Sportart Lacrosse kennengelernt. In einem Artikel für die Schülerzeitung möchte sie ihren Mitschülern diese Sportart vorstellen. Dafür muss sie auch die Ausrüstung genau beschreiben.

1 Ergänze mithilfe der Bilder die Cluster um weitere wichtige Merkmale.

2 Schreibe stichwortartig die Eigenschaften von Schläger und Ball dazu.

Lacrosse: Ausrüstung

Form: ______________

____

____

Schläger

Ball

____

____

____

Material: ______________

3 Verfasse nun mithilfe der Cluster eine Gegenstandsbeschreibung von Schläger und Ball. Verwende dafür den folgenden Anfang. Schreibe auf ein extra Blatt.

Tipp

Achte auf einen klaren Aufbau deiner Beschreibung. Nutze unterschiedliche Verben. Schreibe im Präsens. Verwende möglichst genaue Adjektive.

Lacrosse

Die Sportart Lacrosse stammt aus Nordamerika. Sie wurde zunächst von amerikanischen Ureinwohnern gespielt und ist heute in Kanada ein wichtiger Nationalsport. Beim Lacrosse spielen zwei Mannschaften auf einem Spielfeld mit zwei Toren. Gespielt wird mit einem speziellen Schläger ...

Selbsteinschätzung

Was ist dir gut gelungen?

____

Wobei hattest du Probleme?

____

Seite 283

Einen offiziellen Brief schreiben

○ **1** **Deine Klasse plant einen Ausflug ins Naturkundemuseum. Du sollst nun einen offiziellen Brief schreiben, in dem du folgende Informationen erfragst:**
- Öffnungszeiten
- Eintrittspreise
- Gruppenführungen im Angebot
- Verpflegungsmöglichkeiten

Notiere zuerst Stichworte dazu, warum du den Brief schreibst und welches Anliegen du hast.

○ **2** **Formuliere mithilfe deiner Stichpunkte aus Aufgabe 1 eine Anfrage an das Museum. Wähle eine angemessene Anrede und Grußformel.**

○ **3** **Überprüfe deinen offiziellen Brief anschließend mithilfe der Checkliste.**

Checkliste

Überprüfe: Hast du …	**ja**	**nein**
… Absender und Empfänger an der richtigen Stelle genannt?	☐	☐
… Ort und Datum hinzugefügt?	☐	☐
… eine höfliche Anrede- und Grußformel verwendet?	☐	☐
… nach allen angegebenen Informationen gefragt?	☐	☐
… den Brief mit deiner Unterschrift abgeschlossen?	☐	☐
… alle Anredepronomen großgeschrieben?	☐	☐

○ **4** **Verbessere deinen Brief mithilfe der Checkliste. Schreibe ihn noch einmal auf ein extra Blatt.**

Selbsteinschätzung

Was ist dir gut gelungen?

Wobei hattest du Probleme?

Seite 264–266

Einen Sachtext lesen und verstehen

1 Sieh dir das Bild an und überlege, worum es in dem Text unten gehen könnte.

2 Notiere, was du schon über Wölfe weißt.

3 Lies den Text sorgfältig durch.

A09

In Europa gibt es nur wenige Wölfe. Häufig kommen sie dagegen in den Wäldern und Gebirgen Asiens und Nordamerikas vor.

Wölfe leben und jagen meist zu mehreren in Rudeln. Einzelgänger sind selten. Innerhalb eines Rudels hat jeder Wolf einen bestimmten Platz. Er hat einen Rang. An der Spitze steht der Leitwolf, danach folgt die Leitwölfin. Ihnen ordnen sich die anderen Wölfe unter.

Im Rudel herrscht eine Rangordnung. Die Wölfe eines Rudels sind jedoch zueinander meist recht freundlich. Streitigkeiten werden durch kurzes Knurren und Drohen geklärt. Die Mitglieder eines Rudels erkennen einander am Geruch, am Aussehen und am Heulen. Mit Heulen verständigen sie sich über weite Entfernungen.

Wölfe sind Hetzjäger. Das Wolfsrudel verfolgt und hetzt ein Beutetier so lange, bis es erschöpft zusammenbricht.

Wölfe werden 14 bis 16 Jahre alt. In einem Wolfsrudel bringt nur die ranghöchste Wölfin einmal im Jahr vier bis sechs blinde, hilflose Junge zur Welt. Sie werden zwei Monate lang gesäugt.

4 Markiere maximal drei wichtige Wörter pro Absatz. Fasse dann jeden Absatz in einem Satz zusammen.

5 Welche der folgenden Aussagen sind richtig? Kreuze an.

- ☐ Der Wolf lebt auch in den Wäldern Nordamerikas.
- ☐ Im Rudel herrscht keine Rangordnung.
- ☐ Mit Knurren und Drohen verständigen sie sich über weite Entfernungen.
- ☐ Wölfe sind Hetzjäger.
- ☐ Die Jungen werden zwei Jahre gesäugt.

6 Verbessere die falschen Aussagen in ganzen Sätzen.

____

____

____

____

____

____

7 Beantworte die folgenden Fragen in ganzen Sätzen.

Wie sieht die Rangfolge in einem Wolfsrudel aus?

____

____

____

Wie werden Streitigkeiten geklärt?

____

____

____

Wer bringt wie viele Junge in welchem Zeitraum zur Welt?

____

____

Selbsteinschätzung

Was ist dir gut gelungen?

____

____

____

Wobei hattest du Probleme?

____

____

____

Seite 269

Ein Märchen lesen und verstehen

Der Wolf und die sieben jungen Geißlein

Es war einmal eine alte Geiß, die hatte sieben junge Geißlein. Eines Tages wollte sie in den Wald gehen und Futter holen, da rief sie alle sieben herbei und sprach: „Liebe Kinder, ich will hinaus in den Wald, seid auf eurer Hut vor dem Wolf." Die Geißlein sagten: „Liebe Mutter, wir wollen uns schon in acht nehmen." Da machte sich die Alte auf den Weg.

Es dauerte nicht lange, so klopfte jemand an die Haustüre und rief: „Macht auf, ihr lieben Kinder, eure Mutter ist da." Aber die Geißlein hörten an der rauen Stimme, dass es der Wolf war. Da ging der Wolf fort und kaufte sich ein Stück Kreide; die aß er und machte damit seine Stimme fein. Dann kam er zurück, klopfte an die Haustüre und rief: „Macht auf, ihr lieben Kinder, eure Mutter ist da." Aber der Wolf hatte seine schwarze Pfote in das Fenster gelegt, das sahen die Kinder und riefen: „Wir machen nicht auf, unsere Mutter hat keinen schwarzen Fuß wie du." Da lief der Wolf zum Müller und sprach „Streu mir weißes Mehl auf meine Pfote." Nun ging der Bösewicht zum dritten Mal zu der Haustüre, klopfte an und sprach: „Macht mir auf, Kinder, euer liebes Mütterchen ist heimgekommen." Die Geißlein riefen: „Zeig uns erst deine Pfote." Da legte er die Pfote ins Fenster, und als sie sahen, dass sie weiß war, machten sie die Türe auf. Wer aber hereinkam, das war der Wolf. Sie erschraken und wollten sich verstecken. Aber der Wolf fand sie alle. Eins nach dem anderen schluckte er in seinen Rachen; nur das jüngste, das fand er nicht. Dann trollte er sich fort, legte sich draußen unter einen Baum und fing an zu schlafen.

Nicht lange danach kam die Geiß aus dem Walde wieder heim. Sie suchte ihre Kinder, aber nirgend waren sie zu finden. Sie rief sie nacheinander bei Namen, aber niemand antwortete. Endlich als sie an das Jüngste kam, da rief eine Stimme: „Liebe Mutter, ich stecke im Uhrkasten." Sie holte es heraus, und es erzählte ihr, dass der Wolf gekommen wäre und die anderen alle gefressen hätte. Endlich ging sie hinaus. Als sie auf die Wiese kam, so lag da der Wolf an dem Baum und schnarchte. Sie sah, dass in seinem Bauch etwas zappelte. Da musste das Geißlein nach Hause laufen und Schere, Nadel und Zwirn holen. Dann schnitt sie dem Ungetüm den Wanst auf, und so sprangen nacheinander alle sechse heraus. Das war eine Freude! Die Alte aber sagte: „Jetzt geht und sucht Wackersteine, damit wollen wir dem gottlosen Tier den Bauch füllen." Da schleppten die sieben Geißlein die Steine herbei und steckten sie ihm in den Bauch. Dann nähte ihn die Alte in aller Geschwindigkeit wieder zu.

Als der Wolf endlich ausgeschlafen hatte, wollte er zu einem Brunnen gehen und trinken. Und als er an den Brunnen kam und sich über das Wasser bückte und trinken wollte, da zogen ihn die schweren Steine hinein, und er musste jämmerlich ersaufen.

○ A10

1 **Lies das Märchen „Der Wolf und die sieben Geißlein". Notiere alle Handlungsorte, die im Märchen vorkommen, und halte in Stichworten fest, was dort jeweils geschieht.**

○ **2** **Notiere, welche Märchenmerkmale in dem Märchen vorkommen.**

○ **3** **Erkläre mit eigenen Worten, wie es dem Wolf gelingt, die Geißlein zu täuschen.**

○ **4** **Im Märchen kann sich nur das kleinste Geißlein verstecken. Denke dir ein anderes Versteck aus. Schreibe aus Sicht eines Geißleins, wie es sich vor dem Wolf versteckt.**

Selbsteinschätzung

Was ist dir gut gelungen?

Wobei hattest du Probleme?

Seite 284–285

TEST 1

Nomen, Adjektive, Pronomen

○ **1 Welche drei Hauptwortarten kennst du? Notiere sie als Überschriften in der Tabelle. Ordne dann die Wörter ihrer Wortart zu.**

Frühling · rodeln · frieren · Sommer · blühen · weiß · Jahreszeit

braun · grün · glatt · kalt · ernten · Winter · baden · Herbst

○ **2 Ergänze die Artikelwörter im Singular sowie die fehlenden Formen der Nomen.**

bestimmter Artikel	unbestimmter Artikel	Nomen im Singular	Nomen im Plural
das		*Meer*	
		Muschel	
	eine		*Dünen*
		Strand	

○ **3 Ergänze die Sätze und füge die Fragen hinzu.**

Nominativ:

Der Hase springt in die Höhe. (der Hase)

(Wer oder was?) *Wer springt in die Höhe?*

____________________ bellt laut. (ein Hund)

____________________________?

Dativ:

Das Blumenbeet gefällt ____________________. (der Großvater)

(Wem?) ____________________?

Die Sonnenbrille gehört ____________________. (die Nachbarin)

____________________________?

Akkusativ:

Klaus kauft ______________________________. (ein Hammer)

(Wen oder was?) __________________________?

Die Mutter ruft __________________________. (das Kind)

____?

○ **4 Finde die passenden Adjektive.**

Wer Mut hat, ist *mutig*.

Eine Frucht, die Gift enthält, ist ________________.

Ein Palast, der einem König gehört, ist ein ________________ Palast.

Wer Hunger und Durst hat, ist ________________ und ________________.

Was im Gegensatz zueinander steht, ist ________________.

Was niemals zu Ende geht, ist ________________.

○ **5 Ergänze die fehlenden Steigerungsformen.**

Positiv	Komparativ	Superlativ
schnell		
	besser	
		am kleinsten
	tiefer	

○ **6 Lies den Brief und ergänze die folgenden Pronomen und Possessivartikel.**

eurer | ihn | wir | euer | er | euch | ihr | uns | euren | ihm | mir | euch

Liebe Mara, lieber Gopal,

ganz liebe Grüße aus der Ferienfreizeit sendet __________ Lilly. Mit __________ sind hier viele Kinder, __________ haben viel Freude beim Baden und Schwimmen. Gestern haben wir einen langen Ausflug zum Hafen gemacht, haben __________ die Schiffe angesehen und sind hinterher mit der Fähre über den Sund gefahren.

Aber wie geht es __________ denn überhaupt? Seid __________ zu __________ Groß-eltern nach Köln gefahren? Ist __________ Opa noch im Krankenhaus? Ihr hattet erzählt, dass es __________ nicht gut geht. Habt ihr __________ im Krankenhaus besucht? Hoffentlich wird __________ bald wieder gesund.

Ich hoffe, ihr habt trotzdem schöne Ferien.

Liebe Grüße von __________ Lilly

Seite 286–287

Präpositionen, Verben

○ **1 Schreibe unter jedes Bild, wo sich die Möwe befindet.**

über dem Schiff ______ ______ ______ ______

○ **2 Formuliere aus den Stichwörtern Fragen und beantworte diese. Verwende dazu die folgenden Fragewörter. Unterstreiche dann die Präposition in der Antwort.**

Worüber | ~~Wofür~~ | Worauf

(Toni/ausgeben/Geld)

Frage: *Wofür gibt Toni sein ganzes Geld aus?*

Antwort: *Er gibt sein ganzes Geld für Süßigkeiten aus.*

(Katja und Tim/sprechen/in der Pause)

Frage: ______

Antwort: ______

(Max/sich freuen/die ganze Woche)

Frage: ______

Antwort: ______

○ **3 Notiere jeweils die Grundform des Verbs, also den Infinitiv.**

1. sie ist geschwommen: ______
2. ich tauche: ______
3. er fuhr: ______
4. du schnorchelst: ______
5. wir entdeckten: ______
6. ihr reist: ______
7. es sank: ______
8. sie sind: ______

○ **4 Bilde zu den Infinitiven die angegebenen Personalformen (finiten Verbformen).**

1. schlafen → 1. Pers. Singular ______
2. träumen → 2. Pers. Singular ______
3. aufwachen → 3. Pers. Singular ______
4. frühstücken → 1. Pers. Plural ______
5. trinken → 2. Pers. Plural ______
6. lachen → 3. Pers. Plural ______

○ **5 Was machen die Personen? Setze die richtige Form des Verbs ein.**

malen: Der Clown __________ ein Plakat.

essen: Der Junge __________ Spaghetti.

rufen: Die Mutter __________ aus dem Fenster.

spülen: Der Vater __________ das Geschirr.

rennen: Die Kinder __________ über die Straße.

denken: Das Mädchen __________ an ein Auto.

○ **6 Schreibe die Sätze aus Aufgabe 5 jetzt in der Vergangenheit. Verwende das Präteritum.**

Der Clown malte ein Plakat.

____

____

____

○ **7 Vervollständige die Sätze im Perfekt. Entscheide beim Hilfsverb: haben oder sein?**

1. Ich ______________ am Hafen auf Tina ______________ (warten).
2. Du ______________ zum Strand ______________ (gehen).
3. Siggi und Tina ______________ den ganzen Tag ______________ (schwimmen).
4. Ihr ______________ das Segel ______________ (setzen).
5. Wir ______________ stundenlang durch die Wellen ______________ (gleiten).

◒ **8 Ergänze hier die fehlenden Verbformen.**

Infinitiv	Präsens	Präteritum	Perfekt
schreien	*er schreit*	*er*	*er*
	sie	*sie rief*	*sie hat gerufen*
bleiben	*es*	*es*	*es*
	sie	*sie schwieg*	*sie*
genießen	*er*	*er*	*er hat genossen*
	sie vergisst	*sie*	*sie*
	er denkt	*er*	*er*

Seite 288–289

Satzglieder, Satzarten

○ **1** **Lies den folgenden Text und markiere die Satzglieder mit drei verschiedenen Farben: alle Subjekte, alle Prädikate, alle Objekte.**

Der geheimnisvolle Brief

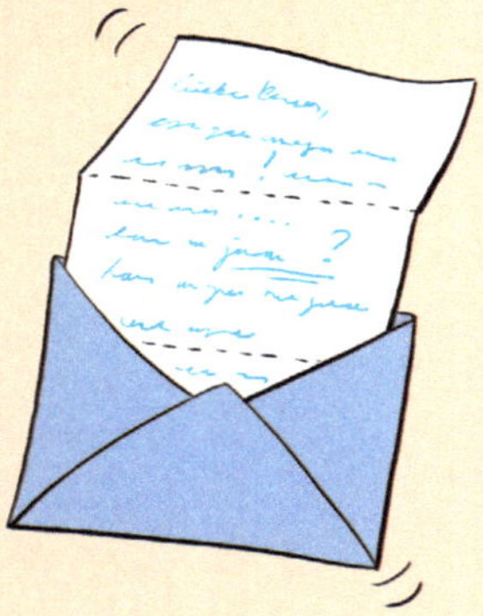

Wendy und Mattes haben einen Brief bekommen. Jetzt sind sie sauer. Ausgerechnet in den Ferien sollen sie ihre Tante Antonia besuchen. Die Tante braucht ihre Hilfe. Tantes Hund Derrick spielt eine wichtige Rolle. Er hat leider etwas Wichtiges zerrissen. Aber die ganze Geschichte verrät die Tante noch nicht. Der Brief klingt seltsam. Können die Kinder ihrer Tante glauben? Früher hat Tante Antonia den beiden schon so oft Rätsel und Gruselmärchen erzählt.

Aber Wendy und Mattes wünschen sich auch ein Abenteuer. Sie entscheiden sich für die Reise. Diese Mission könnte doch auch Spaß machen. Das Geheimnis macht ihnen keine Angst, aber große Neugier.

○ **2** **Verändere in den ersten vier Sätzen des Textes in Aufgabe 1 die Subjekte, ersetze sie durch andere Wörter. Schreibe die neuen Sätze auf.**

Die Kinder haben einen Brief bekommen. ____________________

____

____

____

○ **3** **Ordne die folgenden Prädikate den Subjekten zu. Ergänze sie in der passenden Form.**

begrüßen | hinausrennen | verbringen | herumtollen | lieben

a Wendy und Mattes ______________ die Ferien bei ihrer Tante Antonia.

b Die Tante ______________ ihren Hund Derrick.

c Derrick ______________ oft im Haus und Garten ______________.

d Die Kinder ______________ den Hund und ______________ mit ihm ______________.

○ **4** **Ergänze in den Sätzen die folgenden Objekte in der richtigen Form.**

die Kinder | der Fuchs | die Tante | Hundefutter

a Tante Antonia kauft im Supermarkt ______________________________.

b Derrick gehorcht ______________________________.

c Die Kinder helfen ______________________________ beim Kochen.

d Sie sehen ______________________________ durch den Garten schleichen.

○ **5 Schreibe aus dem Text je zwei Fragesätze und zwei Ausrufesätze heraus und markiere die Satzzeichen.**

Was denkt ihr, sind neue Feiertage nötig? Sollten alle Kinder auch an einem muslimischen Feiertag schulfrei haben? „Na klar!“, meint Oli, der die fünfte Klasse besucht. Und was ist mit den jüdischen Festen? „Die wollen wir natürlich auch“, sagt Kenan. Schulfrei am Zuckerfest oder Versöhnungsfest oder sogar an beiden Tagen? Auch wenn die Erwachsenen vielleicht anderer Meinung sind, für die Kinder steht fest: „Man muss die Feste feiern, wie sie fallen!“

○ **6 In dem folgenden Rezept fehlen die Satzschlusszeichen. Ergänze sie.**

Mumien zu Halloween

Habt ihr Appetit auf Mumien___ Los geht's___

Ihr schneidet Pizzateig in Streifen und wickelt sie um Würstchen___ Einen Streifen klebt ihr längs und oben lasst ihr einen Sehschlitz für die Augen frei___ Dann ab in den Ofen___ Bei den ausgekühlten Mumien klebt ihr mit etwas Ketchup die Augen in den Sehschlitz___ Guten Appetit___

○ **7 Formuliere die Sätze um – den ersten in einen Aussagesatz, den zweiten in einen Aufforderungssatz, den dritten in einen Fragesatz. Markiere die Verbformen.**

a Brauchen die Buddhisten auch einen Feiertag in der Schule?

b Man sollte in der Schule über die verschiedenen Bräuche sprechen.

c Mehr schulfreie Tage sind nötig!

○ **8 Entscheide, welches Satzzeichen an den markierten Stellen am besten passt.**

a „Oma, die Trommel war das schönste Weihnachtsgeschenk___“ „Ach, wirklich___“, freut sich Oma.
„Ja, Mama gibt mir jeden Tag einen Euro, damit ich aufhöre, zu spielen___“

b Oma zu Anni: „Wünsche dir zu Weihnachten doch ein schönes Buch___“
Gut, dann wünsche ich mir dein Sparbuch___“

Seite 289

Satzzeichen, wörtliche Rede

○ **1 Entscheide hier, welche Kommas falsch gesetzt sind. Streiche sie durch.**

A Ob Geburtstag, Halloween oder Karneval: Feiern macht jedem Spaß.
B Man benötigt jede Menge Leckereien, ein ausgefallenes Kostüm, und ein bisschen gute Laune.
C Weil es eine Schatzsuche, und Preise geben soll, müssen wir einiges vorbereiten.
D Außerdem wichtig für eine gelungene Party sind ein bunt, geschmückter Raum, ausreichend, vorhandenes Geschirr, und natürlich Musik, und Spielideen.

○ **2 Kati schreibt ihrem Bruder einen Einkaufszettel. Setze alle fehlenden Kommas.**

*Lieber Lars kannst du für mich noch einige Sachen besorgen?
Ich brauche: Eier Sahne Mehl Glasur und Lebensmittelfarbe eine große Packung Schokoküsse bunte Ballons oder eine Girlande und 11 Kerzen!*

○ **3 Markiere hier die Konjunktionen (Junktionen), welche Hauptsatz und Nebensatz verbinden.**

Auf dem Notizblock entdecken Wendy und Mattes zwei Telefonnummern, weil jemand beim Schreiben fest aufgedrückt hat. Die beiden Kinder finden heraus, dass es die Telefonnummern des Försters und des Verkäufers sind. Sie rufen den Förster an, damit sie selbst in das Spiel eingreifen können. Der Förster gesteht sofort, da ihm alles schon sehr unangenehm ist. Er will es Tante Antonia heimzahlen, indem er jetzt den Kindern hilft. Weil die Kinder ihn darum bitten, wird er Beppo für kurze Zeit verstecken.

○ **4 Wendy und Mattes versuchen immer noch, das Geheimnis der Briefe zu lüften. Darum suchen sie im ganzen Haus nach Hinweisen. Verbinde hier die beiden Hauptsätze mit einer passenden Konjunktion.**

und | oder | aber | sondern | denn

Die Kinder werden etwas finden. Sie gehen planvoll vor.

____

____

Das Haus ist ziemlich groß. Sie teilen sich die Zimmer auf.

____

____

Sie entdecken den Geheimcode. Sie finden den Notizblock.

____

____

Es gab keine Gefahr für Beppo. Es ist ein Spiel.

____

____

Sollen sie nur mitmachen? Sollen sie selbst das Spiel bestimmen?

____

____

○ **5 Markiere in den Sätzen die wörtliche Rede grün und den Begleitsatz gelb.**

a „Erik“, fragt Anna, „kommst du mit?“ ____________________

b „Wir müssen los, wenn wir nicht zu spät kommen wollen!“ ____________________

c Erik brummelt: „Ich hab keine Lust!“ ____________________

d „Außerdem bin ich müde.“ ____________________

e „Du bist so gemein! Immer lässt du mich im Stich!“, schimpft Anna. ____________________

f „Warum musst du ausgerechnet zum Fasching schlechte Laune haben?“ ____________________

g „Das“, raunt Erik, „geht dich gar nichts an.“ ____________________

○ **6 Setze im folgenden Text die Zeichen der wörtlichen Rede und die Kommas ein. Unterstreiche dann die Begleitsätze.**

Ein Mann kam an einer Schlange vorbei, auf die ein großer Stein gefallen war. Die Schlange flehte___Hilf mir doch bitte. Ich werde sonst sterben.___Der Mann hob den Stein auf und die befreite Schlange wollte ihn beißen.___Halt___rief da der Mann___Lass uns erst zu klugen Leuten gehen.___Sie trafen den Schakal. Nachdem er die Geschichte erfahren hatte, meinte er___Ich kann mir gar nicht vorstellen, dass so eine Schlange unter einem großen Stein nicht mehr herauskommt. Ich kann euch nur einen Rat geben___erklärte er___wenn ich es selbst sehe___
So beschlossen sie, an die Stelle zurückzukehren. Als der Mann die Schlange dann mit dem großen Stein bedeckt hatte, riet der Schakal___Lass sie liegen. Sie wollte dich ja beißen. Soll sie doch allein rauskommen.___

Seite 290–292

Rechtschreibstrategien

○ **1 Lies den Text „Das süße Museum".**

Das süße Museum

Wenn die Reise nach Köln geht, sollte man das Schokoladenmuseum besuchen. Jeder bekommt zur Begrüßung kleine Täfelchen aus feinster Schokolade, die man sofort genießen kann. Besonders beeindruckend ist der drei Meter hohe Schokoladenbrunnen. Der Duft steigt gleich in die Nase. An dem riesigen Brunnen werden Waffeln verteilt, die vorher in die heiße Soße getaucht werden. Wer will, kann sich einer Führung anschließen. Besucher lernen den Weg des Kakaos vom Anbau über die Ernte bis hin zum rohen Kakao kennen. Danach können sie sich in der gläsernen Schokoladenfabrik anschauen, wie Schokotafeln entstehen. Sie stoßen auf Formen von kleinen und großen Hasen. Um die Figuren herzustellen, gießen die Mitarbeiter flüssige Schokolade in die Formen. Am Ende lassen sich viele Besucher noch Schokoladentafeln anfertigen.

○ **2 Folgende Zweisilber stehen alle oben im Text. Schreibe den ersten Vokal rot und den zweiten grün. Trenne die Silben durch einen senkrechten Strich. Zeichne dann die Silbenbögen.**

süße | Reise | Nase | heiße | Soße | stoßen | großen | Hasen | gießen

sü | ße ____

◒ **3 Setze die fehlenden Laute ein. ä oder e, äu oder eu?**

Schon seit vielen N___chten schl___ft Leo schlecht. Fast t___glich tr___mt er davon, einen Einbaum zu besitzen. Schließlich h___lt er es nicht m___hr aus. Mit zwei Eisen___xten in den H___nden l___ft er mit seinem Fr___nd Milan in die W___lder der Umg___bung und betrachtet alle B___me. ___ndlich gef___llt den beiden Jungen eine m___chtige Eiche. Sie f___llen den Baum. Anschließend hacken sie alle ___ste ab. Leo holt glühende Holzkohle von der F___erst___lle, um damit den Stamm auszuhöhlen. Am ___nde s___bern Leo und Milan das Boot gründlich.

Jetzt kann das Abent___er beginnen. Die beiden sind noch etwas ___ngstlich, denn es ist schw___r, einen Einbaum zu st___ern. Aber beide üben kr___ftig, und langsam h___lt j___der das Gleichgewicht.

4 Hier ist einiges unklar. Verlängere die Wörter. Setze dann den richtigen Buchstaben ein.

1. defek *d/t*? ______________________ Seit die Monster eingezogen sind, ist alles defek___.
2. Ban *g/k*? ______________________ Man kommt seitdem nur schwer in die Ban___.
3. Bran *d/t*? ______________________ Der Bran___ wurde durch das Monster verursacht.
4. Die *b/p*? ______________________ War das Monster der Die___?
5. Werkzeu *g/k*? ______________________ Wo ist das Werkzeu___?
6. hal *b/p*? ______________________ Monster essen alles nur hal___ auf.

5 Lies den Text. Verlängere die unfertigen Wörter im Kopf und setze die fehlenden Buchstaben ein.

Jeden Aben____ vor dem Schlafengehen ba____ Tim seinen Vater, ihm eine Geschichte vorzulesen. „Was soll ich denn lesen?“, fragte Tims Vater häufi____. „Na die Monstergeschichte über den geheimnisvollen Die____“, schlu____ Tim jedes Mal vor. Tims Vater schmunzelte, nahm das Buch in die Han____ und begann zu lesen. Tim zo____ die Decke hoch und sah seinen Vater erwartungsvoll an. Angs____ brauchte er aber nicht zu haben, denn die Monster waren nicht gruseli____, sondern selbst etwas ängstli____. Und weil die Erzählung darum sehr lusti____ war, fan____ auch Tims Vater die Monstergeschichte gar nicht blö____.

6 In den folgenden Abenteuerbericht haben sich einige Fehler eingeschlichen. Markiere sie farbig und korrigiere sie.

Heute Nachmittak [g] bin ich in unserer Nähe mit einem Heißlufdballon [t] gefahren. Bevor wir starteten, rollte der Pilot die Hülle des Ballons aus. Mit einem Gebläse füllte er sie mit erwärmter Luft, sodass sich der Ballon erhop. Als er aufrecht stand, konnten wir in den Korp klettern. Nun bewegte sich der Ballon lanksam in die Höhe. Schon nach wenigen Minuten befant er sich über Wald und Felt. Wenn er sank, gab der Pilot gleich stark Gas. Gemütlich flog der Ballon über das herpstlich bunte Lant. Was für ein Blick auf die Weld unter uns! Meine Schwester erspähte mit ihrem Atlerauge sogar unsere Heimatstadt in der Ferne. Von oben sah diese richtig hüpsch aus. Plötzlich zog der Pilot an einem Seil. Nun ging es hinap. Bei der Landung erlepten wir eine Überraschung, denn der Korb schluk um. Da kippte die ganze Truppe auf die Erde.

TEST 6

Seite 290–292

Rechtschreibstrategien und -regeln

1 Setze hier den richtigen i-Laut ein: i oder ie oder ih?

Einmal war Marit und Johannes ein ____gel zugelaufen. Sie waren der festen Meinung, dass er eine „S____" sei, und nannten ____n daher Sab____ne. Sab____ne machte einen h____nfälligen Eindruck. „Komm", r____f Marit, „w____r füttern ____n mit Apfels____nen!" Johannes meinte: „D____r schmeckt das v____lleicht, aber ____r doch nicht." „____m oder ____r?", fragte Marit, die noch nicht zur Schule ging, verunsichert ____ren großen Bruder. „Sab____ne natürlich", antwortete Johannes souverän. Marit überlegte, wie v____le K____lo Sab____ne wohl w____gen würde.

2 Löse das Rätsel. Trage die Nomen mit Dehnungs-h (stummem h) ein.

Wer kräht auf dem Mist?

Auf den Straßen staut sich manchmal der …

Womit kann man beißen?

1, 2, 3, 4, 5 sind …

Wo hält der Zug?

Was weht am Mast?

Was schickt die Sonne auf die Erde?

12 Monate sind ein …

3 Haben folgende Wörter vor dem s-Laut einen langen oder kurzen Vokal? Ordne sie zu.

~~Fass~~ ~~Maßband~~ Strauß Kissen Straße Schüssel Fuß Tasse

langer Vokal vor s-Laut	kurzer Vokal vor s-Laut
Maßband	*Fass*

4 Setze die s-Laute richtig ein.

Für die mei___ten Leute sehen Flu___pferde mit ihrem ma___igen Körper, dem gro___en Kopf und den kleinen Ohren spa___ig aus. Tagsüber, wenn es hei___ ist, bleiben sie mei___t im kühlen Na___ und ernähren sich von Wa___erpflanzen. Nachts jedoch verla___en sie das Gewä___er, um sich au___erhalb weitere Nahrung zu suchen. Wenn so eine Herde in Plantagen eindringt, ist der Spa___ vorbei.

○ **5 Trage die folgenden Wörter in korrekter Schreibung ein.**

e/Erfinden | u/Umsatz | b/Bustickets | s/Spiele | b/Besucht | z/Zuschauer | e/Einkaufen | s/Spaß | v/Veranstalter

Mini-München wurde wieder gut ________________. In diesem Jahr haben die ________________ zahlreiche ________________ verkauft und Fahrgäste transportiert. Im Spielehaus konnte man viele ________________ testen oder ________________. Kinder erstellten Trickfilme und freuten sich über begeisterte ________________. Verkaufen oder ________________ machte großen ________________ und das Kaufhaus hatte einen hohen ________________.

○ **6 Setze richtig zusammen und schreibe die Wörter.**

~~Hirn-~~ | ~~-beere~~ | Ruder- | -kanne | Märchen- | -mann | See- | -wurf | Schnee- | -waage | -fee | -Speer | -bürste | Staats- | -rose | Klee- | Brief- | -boot | Liebes- | -grün | Haar- | -saal | Tee- | -mann | Moos- | -paar | Ball- | -blatt

Himbeere, ____

____

____

____

____

○ **7 Richtig oder falsch? Suche die Wörter im Wörterbuch und unterstreiche die richtige Schreibweise.**

Kanienchen – Kaninchen – Kaninschen

Kackadu – Kakahdu – Kakadu

Anthilope – Antilope – Antielope

Bieson – Bisonn – Bison

Flehdermaus – Fledermaus – Fledamaus

Nasorn – Nahshorn – Nashorn

Textquellennachweis

20 Brief W. A. Mozart. Aus: Liebste Mutter. Briefe berühmter Deutscher an ihre Mütter. Hrsg. v. Paul Elbogen. E. Rowohlt Berlin 1929, S. 43 f.; **22** Barbara Kiesewetter: Mustela erminea. Hermelin. (27.10.2020) Unter: https://www.kindernetz.de/wissen/tierlexikon/steckbrief-hermelin-100.html (Zugriff 11.10.2021, gek.); Zur besseren altersgemäßen Verständlichkeit wurde der Originaltext verändert, ohne den Inhalt und/oder Sinn zu verändern.; **26** Janosch erzählt Grimm's Märchen. Beltz & Gelberg Weinheim 1996, S. 175 ff.; **28** Türkische Volksmärchen. Hrsg. v. Pertev Naili Boratav. Übers. v. György Hazai u. Doris Schultz. Akademie Berlin 1967; **30** Kirsten John: Gefährliche Kaninchen. Arena Würzburg 2012 (Klappentext); **30.f.** Kirsten John: Gefährliche Kaninchen. Arena Würzburg 2012, S. 29–32; **34** Erwin Moser: Gewitter. In: Überall und neben dir. Gedichte für Kinder in sieben Abteilungen. Hrsg. v. Hans-Joachim Gelberg. Beltz & Gelberg Weinheim/Basel 1986, S. 260.; **37** Norton Juster: Weckerhund, Wedermann und Schlafittchen. Übers. v. Käthe Recheis u. Friedl Hofbauer. Benziger Zürich 1976, S. 23–43; **63** Burkhard Spinnen: Belgische Riesen. Schöffling & Co Frankfurt a. M. 2000, Klappentext; **65** Fabeln des Äsop. Nacherz. v. Rudolf Hagelstange. Otto Maier, Ravensburg 1965; **80** Die schönsten Märchen Brüder Grimm. Altberliner Verlag Berlin 1998, S. 28; **96** Brüder Grimm: Ausgewählte Kinder- und Hausmärchen. Philipp Reclam jun. Leipzig 1976, S. 35–37; **105** Theodor Etzel: Fabeln und Parabeln der Weltliteratur. Komet Köln 2004, S. 402; **LS14** Theodor Etzel: Fabeln und Parabeln der Weltliteratur. Komet Köln 2004, S. 402; **LS5.f.** Norton Juster: Weckerhund, Wedermann und Schlafittchen. Übers. v. Käthe Recheis u. Friedl Hofbauer. Benziger Zürich 1976, S. 23–43

Bildquellennachweis

Cover. o. Getty Images Plus, München (E+ / Imgorthand); **Cover. u.** stock.adobe.com, Dublin (Dina); **U2.1** Wieland, Tobias, Celle; **U2.2** Goedelt, Marion, Berlin; **U2.3** Goedelt, Marion, Berlin; **U2.4** Oser, Liliane, Hamburg; **U2.5** Brüggemann, Vera, Bielefeld; U3.1 Grigo, Pe, Bielefeld; **U3.2** Grigo, Pe, Bielefeld; **U3.3** Grigo, Pe, Bielefeld; **U3.4** Ernst Klett Verlag GmbH, Stuttgart; **U3.5** Grigo, Pe, Bielefeld; **U3.6** Grigo, Pe, Bielefeld; **U3.7** Grigo, Pe, Bielefeld (Katrina Lange); **2** Wieland, Tobias, Celle; **4.1** Schwarwel, Leipzig; **4.1** Oser, Liliane, Hamburg; **4.2–4.6** Schwarwel, Leipzig; **6.o.** Wieland, Tobias, Celle; **7** Schwarwel, Leipzig; **8.1** Oser, Liliane, Hamburg; **8.2** Goedelt, Marion, Berlin; **11.1** Goedelt, Marion, Berlin; **11.2, 11.3** Goedelt, Marion, Berlin; **12.1** Oser, Liliane, Hamburg; **12.2** Getty Images Plus, München (DigitalVision/MoMo Productions); **12.3** Getty Images Plus, München (iStock/PeopleImages); **12.4** ShutterStock.com RF, New York (gpointstudio); **12.5** Getty Images Plus, München (iStock/digitalskillet); **15.1** Oser, Liliane, Hamburg; **15.2** jani lunablau, Barcelona; **17.1** Oser, Liliane, Hamburg; **17.2** Michael Mantel, Barum/Tätendorf; **18** Michael Mantel, Barum/Tätendorf; **19.1** Oser, Liliane, Hamburg; **19.2** Alamy stock photo, Abingdon (Panther Media GmbH); **21** jani lunablau, Barcelona; **22.1** Oser, Liliane, Hamburg; **22.2** iStockphoto, Calgary, Alberta (Scrofula); **23** Fröhlich, Anke, Leipzig; **26** Oser, Liliane, Hamburg; **27.1–27.6** jani lunablau, Barcelona; **29** Oser, Liliane, Hamburg; **30** Aus: Kirsten John / Gefährliche Kaninchen. Illustrationen von: Maja Bohn (c) 2012 Arena Verlag GmbH, Würzburg. Mit freundlicher Genehmigung; **31** Goedelt, Marion, Berlin; **32** Goedelt, Marion, Berlin; **34, 37** Oertel, Katrin, Münster; **40, 41** Michael Mantel, Barum/Tätendorf; **43** Oser, Liliane, Hamburg; **44** stock.adobe.com, Dublin (racamani); **46** Michael Mantel, Barum/Tätendorf; **47** Wieland, Tobias, Celle; **49.1, 49.2** Goedelt, Marion, Berlin; **50** Maja Bohn, Berlin; **51** Wieland, Tobias, Celle; **53** Voets, Inge, Berlin; **55** Schwarwel, Leipzig; **56** Voets, Inge, Berlin; **59** stock.adobe.com, Dublin (Andrey Armyagov); **61** jani lunablau, Barcelona; **63** Goedelt, Marion, Berlin; **65.1–65.3** Schwarwel, Leipzig; **66.1, 66.2** jani lunablau, Barcelona; **67** 123rf Germany, c/o Inmagine GmbH, Nidderau (Joachim Berschauer); **68** Berg, Maja, Berlin; **69.1** stock.adobe.com, Dublin (nyiragongo); **69.2** Oser, Liliane, Hamburg; **70, 71** Oser, Liliane, Hamburg; **72** 123rf Germany, c/o Inmagine GmbH, Nidderau (Irene Salvador); **73.1–73.3** Oser, Liliane, Hamburg; **74.1** Goedelt, Marion, Berlin; **74.2** jani lunablau, Barcelona; **75** Picture-Alliance, Frankfurt/M. (dpa/Südtiroler Archäologiemuseum/Ochsenreiter); **76** Michael Mantel, Barum/Tätendorf; **78, 79** Voets, Inge, Berlin; **80** Schwarwel, Leipzig; **81, 82.1** Oser, Liliane, Hamburg; **82.2** Julia Flasche, Berlin; **83.1** Hammen, Josef, Trierweiler; **83.2** Oser, Liliane, Hamburg; **84** Oser, Liliane, Hamburg; **85.1** Getty Images Plus, München (iStock/zeleno); **85.2** stock.adobe.com, Dublin (anna_shepulova); **85.3** ShutterStock.com RF, New York (yingko); **86, 88** Schwarwel, Leipzig; **90.1** ShutterStock.com RF, New York (Aspen Photo); **90.2** ShutterStock.com RF, New York (IntraClique LLC); **90.3** Thinkstock, München (iStockphoto); **92** Oser, Liliane, Hamburg; **93** Mauritius Images, Mittenwald (Ingo Schulz/imageBROKER); **94** MEV Verlag GmbH, Augsburg; **96** jani lunablau, Barcelona; **98** Maja Bohn, Berlin; **99** Oser, Liliane, Hamburg; **99** Maja Bohn, Berlin; **100.1–102** Voets, Inge, Berlin; **103.1** ShutterStock.com RF, New York (Timolina); **103.2** Voets, Inge, Berlin; **104.1, 104.2** Oertel, Katrin, Münster; **105** Oertel, Katrin, Münster; **106.1** ShutterStock.com RF, New York (Paii VeGa); **106.2** Oertel, Katrin, Münster; **107** stock.adobe.com, Dublin (jakkapan); **109.1** Ablang, Friederike, Berlin; **109.2** Burghart-Vollhardt, Martina, Kamenz; **109.3** Oertel, Katrin, Münster; **109.4** Oertel, Katrin, Münster; **109.5** Oertel, Katrin, Münster, **LS3** Michael Mantel, Barum/Tätendorf

Medien zum Arbeitsheft

Seite	Nummer	Titel
4	V01	Eine Geschichte schreiben
15	V02	Einen Gegenstand beschreiben
19	V03	Einen Brief schreiben
19	V04	Eine E-Mail schreiben
22	A01	Das Königsmanteltier
22	V05	Leseschlüssel Sachtexte
26	A02	Janosch erzählt Grimms Märchen: Der Fundevogel
26	V06	Märchen erkennen
30	A03	Kirsten John: Gefährliche Kaninchen
34	A04	Erwin Moser: Gewitter
40	V07	Adjektive
40	V08	Adjektive steigern
43	V09	Personalpronomen
43	V10	Anredepronomen
48	V11	Verben (Grund- und Personalform)
48	V12	Präsens
51	V13	Präteritum
54	V14	Perfekt
56	V15	Satzglieder
57	V16	Subjekt und Prädikat
57	V17	Dativ- und Akkusativobjekt
64	V18	Wörtliche Rede
65	A05	Nach Äsop: Der Esel und der Fuchs
67	A06	Eine ungewöhnliche Idee
68	V19	Haus-Garage-Modell
69	A07	Die Titanic
71	V20	Wörter mit s-Laut schreiben
72	A08	Sonderbare Eidechsen
72	V21	Ableiten
74	V22	Verlängern
80	V23	Nomen erkennen und großschreiben
82	V24	In einem Wörterbuch nachschlagen
94	A09	Wölfe
96	A10	Der Wolf und die sieben Geißlein

2. Auflage 1 8 7 6 5 4 | 30 29 28 27 26

Alle Drucke dieser Auflage sind unverändert und können im Unterricht nebeneinander verwendet werden.
Die letzte Zahl bezeichnet das Jahr des Druckes.

Unter Verwendung von Materialien: von Benny Alze, Susanne Helene Becker, Melanie Dutzi, Helen Göckritz, Pauline Majumder, Petra Middelmann, Kirsten Müller, Sandra Schicht, Christa Schürmann, Sabine Utheß, Lena Walter, Claudia Wendler, Susanne Wilckens

Entstanden in Zusammenarbeit mit dem Projektteam des Verlages.

Externe Redaktion: Veit Geldner, Leipzig
Gestaltung: normaldesign GbR, Schwäbisch Gmünd
Umschlaggestaltung: normaldesign GbR, Schwäbisch Gmünd
Titelbild: stock.adobe.com, Dublin (Dina); Getty Images Plus, München (E+ / Imgorthand)
Satz: Fotosatz Buck, Kumhausen/Hachelstuhlt
Reproduktion: Meyle+Müller GmbH+Co. KG, Pforzheim
Druck: Himmer GmbH Druckerei, Augsburg

Printed in Germany
ISBN 978-3-12-314471-4

9 783123 144714

Lösungen

Tipp
Lies dir die Lösungen genau durch. Überprüfe, ob sie mit deinen Ergebnissen übereinstimmen. Beachte bei Beispiellösungen, dass du diese nicht wörtlich nehmen musst. Du kannst z. B. wichtige Informationen oder Formulierungen markieren und dann vergleichen, ob du diese in deinen Lösungen so oder ähnlich wiederfindest.

S. 4

Aufgabe 2
von links nach rechts 2, 6, 5, (1), 4, 3

S. 5

Aufgabe 3 (Beispiellösung)
EINLEITUNG
Was ... ? Sie will Blumen holen, findet aber keine mehr.
Wer ...? das Mädchen, ihr Hund
Wie ... ? eigentlich befreundet, nett, vertraut,
HAUPTTEIL
Was machen ...? Mädchen schimpft mit Hund, beschuldigt ihn, bestraft ihn, der versteht nichts, aber geht weg
Was passiert ...? sie entdeckt dann Blumen in Vase, sie erschrickt, weil Hund darum unschuldig sein muss
SCHLUSS
Gibt es ein gutes ...? Happy End!
Was genau ...? Mädchen entschuldigt sich, bringt dem Hund Lieblingsfutter

S. 6

Aufgabe 4 (Beispiellösung)
2 Mädchen sauer, laut – Hund verwundert, kleinlaut
3 Mädchen streng, wütend – Hund traurig, ängstlich
4 Mädchen wütend, sprachlos
5 Mädchen erschrocken, überrascht
6 Mädchen lieb, reuemütig, Hund erleichtert, fröhlich

Aufgabe 5 (Beispiellösung)
rufen, meinen, fragen, antworten, schreien, erwidern, drohen, betonen, ergänzen

Aufgabe 6 individuelle Lösung

S. 7

Weg A (Beispiellösung)
Freundschaft gerettet
Neulich wollte ich für Frau Korn Blumen im Garten pflücken. Sie hatte an dem Tag Geburtstag. Könnt ihr euch meinen Schreck vorstellen, als alle Blumen ratzekahl abgeschnitten waren? Sofort hatte ich Lumpi, meinen Hund in Verdacht. Er kommt einfach immer auf solchen Unsinn! Als ich ihn fragte, schaute er ein wenig schüchtern, vielleicht auch schuldbewusst? Ich wurde echt zornig und schickte ihn sofort ins Haus zur Strafe. Das ist ja nicht zu fassen! Also Futter bekommt er heute auch nicht, dachte ich aufgeregt. Als ich dann selbst ins Haus kam, stand ein wunderschöner großer Blumenstrauß auf dem Tisch. Oje! Das konnte Lumpi auf keinen Fall gewesen sein. Jemand anderes wollte mir eine Freude machen. Ich hatte den pelzigen Freund ganz falsch angeklagt! Der Arme! Wie mach ich das nur wieder gut?! Gleich brachte ich ihm sein Lieblingsfutter – geräucherte Leberwurst! Als er mir da wieder fröhlich die Hand leckte, wusste ich: Freundschaft gerettet! Und dann rasch zu Frau Korn... Wenn sie sich über den Strauß freut, ist alles nochmal gut gegangen...

Weg B (Beispiellösung in der Tabelle)
zum Bild A – steile Strecke, Abfahrt überraschend, überall Löcher, Äste und Steine, noch unsicher beim Lenken
zum Bild B – plötzlich ein Stein zu groß, direkt vorm Vorderrad, Sturz und Flug fast über den Lenker, gut dass der Helm schützt! Riesenschreck, aber glücklich gefallen
zum Bild C – zwei fremde Kinder helfen, schauen sich Wunde am Knie an, trösten, das macht Mut. Fahrrad ist verbogen, aber halbwegs gut überstanden, neue Freunde gefunden? vielleicht gemeinsam reparieren? bald wieder treffen ...
(Geschichte: individuelle Lösungen)

Weg C (Beispiellösung)
Der Sturz
Pascha war neulich zum ersten Mal mit seinem super verchromten neuen Mountainbike unterwegs, nach der Schule. Er war stolz wie Bolle und ziemlich aufgeregt. Am Stadtpark ist ja ein Hügel, mit einer tollen Abfahrt für Rodelschlitten und auch mutige Biker. Die Erwachsenen sehen uns dort nicht gern fahren, aber Pascha wollte das gleich ausprobieren. „Ich hab ja schon Erfahrung", dachte er, „Die neuen Bremsen sind super und meine Reflexe auch!" Mit der Gangschaltung kannte er sich jedoch noch nicht so gut aus. Und die Strecke war holpriger als gedacht, überall Rinnen, Buckel, Steine. Hoppla, mit der Geschwindigkeit war ein Stein zu groß! Pascha stürzte, fiel beinahe über den Lenker, konnte noch ganz gut zur Seite abrollen. „Mist, das Knie hat's erwischt! Au!", zischte er dann leise. Aber schon sausten zwei Kinder heran, die auch dort gespielt hatten. „Hey, brauchst du Hilfe? Lass mal sehen ..." Pascha kannte sie gar nicht, aber sofort reinigte der Junge die Wunde, das Mädchen hob das Rad auf und begutachtete die Beulen daran: „Müssten wir reparieren können. Ich hol gleich Werkzeug!", meinte sie. Pascha war erleichtert. Zwar schade um den Nachmittag und die erste Tour, aber irgendwie Glück im Unglück! Gleich mal zwei neue Freunde gefunden. „Wo sind eigentlich eure Bikes?", fragte er die beiden. „Gleich um die Ecke", hieß es, „Wir werden uns hier wohl jetzt bald wiedersehen."

S. 8

Aufgabe 2 (Beispiellösung)
Riesig und geheimnisvoll erhebt sich das Schloss auf seinem Hügel. Es ist von Wald umgeben und sieht ziemlich alt und baufällig aus. Sein Inneres scheint dunkel, vielleicht verwunschen und sehr verwinkelt zu sein.

S. 9

Aufgabe 3 (Beispiellösung)
1 Prinzessin – hübsch, höflich, nett
2 Mäuse – winzig, pelzig, frech
3 Gespenster – gruselig, lautlos, durchsichtig

Aufgabe 4 (Beispiellösung)
4 Kater – mutig, listig, neugierig
5 Spinnen – zahlreich, eklig, geheimnisvoll

Aufgabe 5 (Beispiellösung)
Reihenfolge: 1, 2, 5, 6, 3, 4, weitere Ideen:
Erzählschritt 1 – Der Löwe fühlt sich eigentlich stärker als die Gespenster, aber sie sind halt zu dritt und scheinen wild zum Kampf entschlossen.
Erzählschritt 2 – Als er ihre Rufe hört, verdoppeln sich seine Kräfte.
ES 3 – Er konzentriert sich auf seine drei Stärken: Mut, Geschwindigkeit, Klugheit.
ES 4 – Die Gespenster haben keine Chance. Sie hatten schlecht gefrühstückt. Sie hatten nicht mit einem Eindringling gerechnet.
ES 5 – Der Löwe wird etwas rot, aber reckt stolz die Brust.
ES 6 – Nur ein Geruch nach Schwefel und alten Lumpen bleibt im Raum hängen.

S. 10

Aufgabe 6 (Beispiellösung)

Erzählplan	Ort(e)	Figuren, Objekte	Handlung, Gefühle
EINLEITUNG	Bayerischer Wald, bis vor das Schloss	Löwe, Schloss von außen, Wildnis	lange Wanderung des Löwen
			müde, erschöpft, dann neugierig,
			hoffnungsvoll, auch unsicher
HAUPTTEIL mit sechs Erzählschritten	1 im Schloss, Eingangshalle	3 Gespenster und Löwe	Zusammentreffen, alle erschrecken, Löwe überlegt
	2 Schlossturm	Prinzessin	ruft um Hilfe
	Eingangshalle	Löwe	hört es, wird wütend und stark
	3 Halle	Gespenster Kater	drohen mit Netz lenkt sie ab
		Löwe	springt, aufgeregt
	4 Turm	Mäuse	trösten Prinzessin
	Eingangshalle	Löwe, Gespenster	Löwe schneller, kommt vorbei
	5 Schlossturm	Löwe, Prinzessin Kater, Mäuse	er befreit sie, sie jubelt, Kater auch
	6 Festsaal	Löwe, Prinzessin Kater	tanzen zusammen öffnen alle Fenster
SCHLUSS	Schloss	Gespenster	weg für immer
	Festsaal	Löwe, Prinzessin	sie küsst ihn, Dank

Aufgabe 7 (Beispiellösung)
Gespenster werfen riesiges Netz nach dem Löwen / Kater lenkt sie aber ab / Löwe springt geschickt umher / kann sie verwirren und überwinden / Löwe gelangt zum Schlossturm / außer Puste

S. 11

Aufgabe 8 (Beispiellösung)
Oh weh, jetzt bin ich in der Falle!
Sie umzingeln mich, ich habe keine Chance!
Das ganze Schloss hat schon von weitem so gefährlich gerochen!
Wie viele Ungeheuer flattern davon denn noch hier herum?

Aufgabe 9 (Beispiellösung)
Ihr habt doch sicher von dem Löwen gehört, dem es im Berliner Tierpark langweilig wurde. Also wanderte er halt nach Bayern, der Weg dauerte Wochen. Eines Tages kam der Löwe an einen Waldrand. Hügelige Landschaft öffnete sich. Auf einem Hügel erhob sich zu seiner Überraschung ein riesiges altes Schloss. Wer mochte wohl darin wohnen? Gastfreundliche oder gefährliche Menschen? Wesen, Tiere? Oder war es etwa leer? Alle Fenster schienen dunkel, irgendwie verwunschen. Gab es hier ein Geheimnis? Es schien verwinkelt und baufällig. Also, dachte der Löwe, hier kam lange kein Gast vorbei. Da will ich doch mal reinschauen …

Weg A individuelle Lösung
Weg B individuelle Lösung
Weg C individuelle Lösung

S.

Aufgabe 1 (Beispiellösung)
Anna – Ihr Hobby ist Musik. Zuhause bei ihr gibt es vier kleinere Geschwister. Sie hilft ihnen oft, ist aber manchmal auch genervt. Sie liebt Pizza.
Ismail – Er hat einen arabischen Namen, seine Mutter stammt aus Marokko. Er kann Arabisch und Deutsch. Er fährt gern Rad, auch zur Schule. Er liebt Fußball und möchte später Trainer werden.
Igor – Er ist in Russland geboren. Er spricht Russisch und Deutsch. Er mag Computer und Basketball.
Anisa – Sie kommt aus Worms am Rhein. Sie lernt jetzt Englisch. Sie liebt Hunde und Fantasy. Sie hat Freundinnen.

S.

Aufgabe 2 (Beispiellösung)
2 – Was machst du besonders gern?
3 – Welchen Beruf möchtest du später einmal ergreifen?
4 – Wer gehört zu deiner Familie?
5 – Welches Haustier hast du zu Hause?
6 – Was liest du am liebsten?
7 – Welches Musikinstrument kannst du spielen?

Aufgabe 3 individuelle Lösung

S.

Weg A (Beispiellösung)
STECKBRIEF FÜR MANUEL
- spricht Spanisch, Deutsch, etwas Englisch
- sammelt Comics
- möchte später Kfz-Mechatroniker werden
- hat seine Mutter und zwei Schwestern (Zwillinge, 4)
- hat leider kein Haustier
- liest meistens Comics
- spielt Akkordeon

Weg B (Beispiellösung)
DAS IST MEINE OMA ELSA
- ist an der Ostsee geboren, lebt jetzt bei uns
- schaut am liebsten Kochshows im Fernsehen
- kann super vegetarisch kochen
- spricht Deutsch und Russisch, Englisch und etwas Französisch
- hat mal im Reisebüro gearbeitet
- hat einen niedlichen Hund, Benni
- liest Zeitschriften und Krimis
- lebt nun mit mir, meinen Eltern und ihren drei Enkeln
- hat aber noch 3 andere Enkel
- vermisst ihren Mann, Opa ist schon gestorben
- geht gern mit mir und Benni am Fluss spazieren

Weg C (Beispiellösung mit vielen Infos)
Ich bin Magda. Meine Mutter ist Polin, mein Vater Deutscher. Wir leben am Rand der Stadt, das Haus ist groß. Ich habe zwei Brüder, 5 und 12. Oma und Mama und Papa wohnen auch bei uns. Ich trainiere Biathlon seit diesem Winter. Wir haben zwei Katzen und einen kleinen Hund. Später werde ich sicher Lehrerin oder Erzieherin. Ich mag Reisen, Lesen und Sport am liebsten. Ich spreche Deutsch, Englisch und ein paar Wörter Polnisch. Ein Instrument kann ich nicht spielen, aber ich höre sehr gern die Orgel in unserer Kirche. Meine Lieblingsfarbe ist Dunkelblau. Am liebsten bin ich im Wald, beim Training.

S.

Aufgabe 2 (Beispiellösung)
3 hellgrünes Rückenpolster
4 zwei kleine Seitentaschen außen
5 größere Außentasche in der Mitte
6 dunkelgrüner Stoff
7 zwei Reißverschlüsse, schwarz
8 Fußball als Anhänger, oben am Griff
9 orange Gurte
10 Tintenfleck an der Außentasche
11 blaues rundes Namensschild außen

16 **Aufgabe 3** (Beispiellösung)
Art/Name: Schulrucksack, ziemlich alt, keine Marke
Farbe/Muster: dunkelgrün und hellgrün, kein Muster
Einzelteile: mehrere orange Gurte, drei Außentaschen, Fußballanhänger, Reißverschlüsse, Namensschild außen (NUMAN), schwarzer Tragegriff oben
Besonderheiten: superschwer, etwa 6 Kilo, Apfelrest innen, Tintenflecke überall, 7 Schulbücher, Stifte und ein Block waren drin

Weg A (Beispiellösung)
Der Rucksack ist ein Schulrucksack. Er ist dunkelgrün und hellgrün, ziemlich groß und alt, die Gurte sind orange. Oben ist ein dunkler Tragegriff. Numan steht als Name des Besitzers außen dran. Er hat drei Taschen außen, zwei an der Seite, eine in der Mitte. Alle Taschen haben Reißverschlüsse. Der Rucksack hat mehrere Tintenflecke außen. Die Schultergurte und der Rücken sind gepolstert. Es gibt oben einen Anhänger, einen kleinen Fußball. Der Rucksack kann 33 Liter Bücher fassen. Er ist schon alt, gebraucht. Es sind sieben Bücher drin und andere Dinge.

Weg B (Beispiellösung)
SCHULRUCKSACK VERMISST
Wann? Letzten Mittwoch, etwa 14 Uhr
Wo? Am Busstopp an der Schule
Wie? 5 Minuten allein stehen gelassen, dann war er weg!
Rucksack ist grün, sehr groß, ziemlich alt, orange Gurte, Schulterpolster, Rückenschutz, Anhänger (Fußball) und Namensschild (Numan)
Inhalt? Schulbücher, Stifte, Apfelrest, Block
Gefunden? Bitte ruft an! 01234 9876

Weg C (Beispiellösung mit ergänzten und genaueren Angaben)
SPORTSCHUHE VERLOREN
Letzten Freitag (am 15.2.), etwa 15 Uhr, habe ich meine Sportschuhe der Marke NUCKI in der Sport-Umkleide liegengelassen. Sie sind etwa 2 Jahre alt, aber gut gepflegt. Waren ein Geburtstagsgeschenk, bin traurig. Das Leder ist braun, der linke Schuh hat einen dicken Kratzer. Lieber Finder, ruf bitte an – 0145554433!

17 **Aufgabe 1**

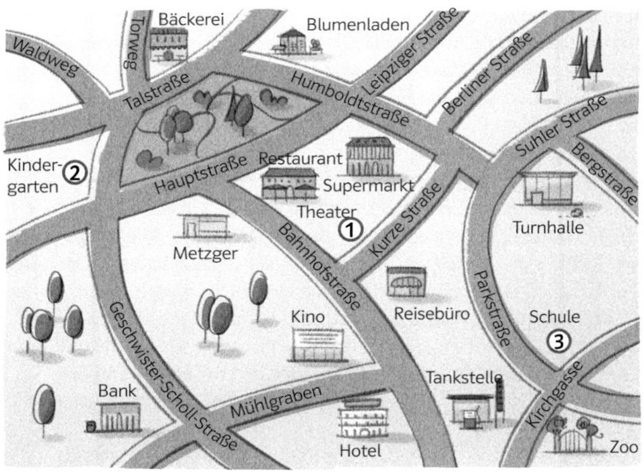

18 **Weg A** (Beispiellösung)
Die Bank steht an der Kreuzung von Geschwister-Scholl-Straße und Mühlgraben. Den Mühlgraben gehen wir zuerst geradeaus, in Richtung Kino, bis zur Bahnhofstraße. In diese biegen wir links ein und laufen weiter bis zur Hauptstraße. Jetzt müssen wir nach rechts und am Park entlang bis zur Humboldtstraße. In diese gehen wir nach links hinein. auf der rechten Seite, kurz vor der Talstraße, befindet sich die Bäckerei.

Weg B (Beispiellösung)
Mein Weg beginnt an meinem Haus. Ich gehe an der Haustür nach links und die Biedermannstraße immer geradeaus. Rechts ist eine Kita, ich gehe vorbei. Dann kommt auf der rechten Seite die Polizeistation, dahinter gehe ich rechts herum durch den kleinen Park. Wenn ich die Bornaische Straße erreiche, gehe ich nach links, bis zur großen Kreuzung. Ich überquere die Hauptstraße. Am Bäcker vorbei nach links muss ich noch zwei Minuten laufen und eine kleine Straße mit Ampel überqueren. Dann bin ich am Supermarkt.

Weg C individuelle Lösung

Aufgabe 1 S. 19
offizieller Brief: Sehr geehrter Herr Direktor, Sehr geehrte Frau Dr. Schulze, Sehr geehrte Damen und Herren
persönlicher Brief: Hallo Björn, Hi, ihr Lieben, Lieber Herr Walter, Liebe Lola

Aufgabe 2 S. 20
offizieller Brief: Ich verbleibe mit freundlichen Grüßen, Mit herzlichen Grüßen
persönlicher Brief: Küsschen, dein/deine …, Liebe Grüße, Lass es dir gut gehen, Bis bald, Tschüss

Aufgabe 4
Thilo – flott und witzig, so wie wir schreiben, kurze Sätze, Smiley verwendet, MUM auf Englisch für die Mutter, spricht sie direkt an mit DU / DIR …
Mozart – lange Sätze, altmodische Wörter, komische Großschreibung und kleine Fehler, schreibt kindlich, aber auch sehr vornehm, respektvoll, z. B. IHR GETREUER SOHN (siezt seine Mutter?)

Weg A individuelle Lösung S. 21

Weg B
Sie / Ihnen / ihre / Sie / Sie / Sie / Sie / Sie / Ihnen / Sie / Ihre

Weg C
Besser passt Schülerbrief B, denn Jonas erklärt das Problem sorgfältig und formuliert die Bitte angemessen.
Was funktioniert nicht so gut? (Markierung)
A: Lieber Herr Bungert,
Sie müssen uns helfen. Unser Klassenzimmer wird von den großen Schülern zerstört und unordentlich gemacht. Bitte schicken Sie die 6. Klassen in einen anderen Raum. Ich warte auf Ihre Antwort.
Mit freundlichen Grüßen
Alina (5b)
B: Hallo Herr Bungert,
wir, die Schüler der 5b, haben eine Bitte an Sie. Unser Klassenzimmer wird immer wieder von anderen Schülern und Klassen verwüstet. Wir geben uns viel Mühe mit der Dekoration und halten unser Zimmer sauber. Aber in der Mittagspause kommen andere Schüler in unseren Raum und vermüllen ihn und machen unsere Sachen kaputt, weil unser Zimmer dann der Aufenthaltsraum für die 6. Klassen ist. Wir möchten Sie darum bitten, einen anderen Raum für die 6. Klassen zu suchen. Vielen Dank!
Ihr Jonas aus der 5b

Verbesserungsvorschläge für Alina: ausführlicher das Problem erklären, insgesamt höflicher formulieren, dem Direktor nicht „befehlen", was er tun muss
Verbesserungsvorschläge für Jonas: höflichere Anrede, z. B. Sehr geehrter Herr Bunge, Wiederholungen vermeiden, sachlich bleiben

Aufgabe 1 S. 22
die Tierart Hermelin

S. 23

Aufgabe 2
b

Aufgabe 3
1. Hermelin (Wiesel), 2. 25 bis 40 cm, 3. im Sommer oben braun, am Bauch weißgelb, im Winter weiß, 4. in ganz Eurasien, bis zum Himalaya und zur Pazifikküste, im nördlichen Nordamerika, in verschiedensten Lebensräumen, 5. nur eine Art, 6. sechs Jahre

Aufgabe 4
1. Hermelin 2. braune Oberseite mit gelblichweißem Bauch 3. ganz weiß mit schwarzer Schwanzspitze 4. im Mittelmeergebiet 5. eine

Aufgabe 5 (Beispiellösung)
Winterpelz – Fell, das für den Winter weiß und dicker nachwächst
Schwanzspitze – einzige Stelle, die immer dunkel ist, am Schwanzende
Raubtiere – Tiere, die andere Tiere töten und fressen
Lebensraum – Landschaft und Klima, in welchem ein Tier vorkommt
Waldränder – Außenrand des Waldes, äußere Begrenzung
Körperlänge – Gesamtmaß der Länge, von vorn bis hinten (Vierbeiner) oder von oben bis unten (aufrecht), manchmal inklusive Schwanz

S. 24

Aufgabe 6 (Beispiellösung)
getarnt – (sich) tarnen – Sichtschutz vor möglichen Feinden (nutzen/haben)
Eurasien – Gesamtheit der Kontinente Europa und Asien
Feldrainen – der Feldrain – Randstreifen am Feld (Landwirtschaft)
Tundra – kalte baumlose Steppenlandschaft im Norden Amerikas und Eurasiens
Lebenserwartung – durchschnittliche Länge des Lebens einer Tierart (oder Menschengruppe)

Aufgabe 7 individuelle Lösung

S. 25

Weg A (Beispiellösung)
Das Hermelin ist ein Raubtier.
Es gehört zur Familie der Marder.
Wenn wir den Schwanz nicht mitmessen, ist es etwa 25 bis 40 cm lang.
Sein Fell ist sehr schön, auf dem Rücken braun und auf dem Bauch hell.
Doch vor dem Winter wächst das Rückenfell weiß nach, als Tarnung im Schnee.

Weg B (Beispiellösung)
Das Hermelin heißt auch Wiesel. Es ist ein kleines Raubtier. Es gehört zur Gruppe der Marder und sieht sehr schön aus. Im Sommer ist das Rückenfell braun, der Bauch gelb-weiß. Im Herbst wächst ein weißer Rückenpelz nach. Die Schwanzspitze bleibt immer dunkel. Es ist etwa 25 bis 40 cm lang. Seine Heimat ist groß, es lebt in ganz Eurasien, auch im nördlichsten Amerika, gern am Waldrand oder Feldrain. Die Tundra gefällt ihm, im Schnee ist das Hermelin gut getarnt. Es gibt nur eine Art dieses Tieres. Das Mauswiesel ist der nächste Verwandte. Das Hermelin wird normalerweise etwa sechs Jahre alt. Früher wurde manchmal aus seinem Fell ein kostbarer Mantel für den König angefertigt.

Weg C (Beispiellösung)
Weitere Punkte zur Recherche für den Kurzvortrag:
Was frisst das Hermelin?
Wie viele Junge bringt es zur Welt?
Wie sieht seine Behausung aus?
Hat es natürliche Feinde?
Steht es heute unter Naturschutz? Ist es vom Aussterben bedroht?

S.

Aufgabe 1
Welche magischen Figuren? Fundevogel, also nur eine.
Sind Figuren gegensätzlich? Der Fundevogel und das Mädchen sind ganz anders als der Förster und seine Frau.
Wie endet das Märchen? Der Fundevogel und das Mädchen fliehen und werden glücklich zusammen.
Besonderer Spruch? „Verlässt du mich nicht, verlass ich dich auch nicht."

Aufgabe 2
(von rechts nach links) 5 / 1 / 6 / 2 / 4 / 3

Aufgabe 3 (Beispiellösung)
Wald: Mutter schläft, Junge wird geraubt vom Bussard
Nest: Bussard füttert seine Jungen und auch das Menschenkind
Wald: bei der Jagd fängt der Förster den Fundevogel
Forsthaus: Förstersfrau schimpft dauernd mit dem Fundevogel
Himmel: Mädchen flieht mit Fundevogel, weil sie nun auch fliegen kann
Neues Nest: Mädchen und sein Fundevogel lieben sich und sind glücklich

S.

Weg A (Beispiellösung, Sicht des Mädchens)
Eines Tages brachte mein Vater, der Förster, einen Jungen mit nach Hause, den er bei der Jagd gefangen hatte. Er sah halb wie ein Vogel aus, halb wie ein Menschenkind. Er war sehr nett und konnte fliegen und wir nannten ihn Fundevogel. Er war nun fast wie mein Bruder. Wir verstanden uns sehr gut und er brachte mir das Fliegen bei, wenn es niemand sah. Bald versprachen wir uns: „Verlässt du mich nicht, verlass ich dich auch nicht", weil wir immer zusammenbleiben wollten. Meine Mutter aber mochte ihn gar nicht, gab ihm immer neue Arbeit und weniger Essen. Sie schimpfte ihn jeden Tag aus. Manchmal schlug sie ihn auch. Die Mutter ärgerte sich wohl, dass wir uns so mochten. Das war mir egal. Ich wollte nur noch mit ihm fortgehen. Eines Tages reichte es uns! Morgens sehr zeitig schlichen wir weg, stiegen hoch in die Lüfte, hielten uns fest und verschwanden über den Wald hinweg. Wir bauten uns irgendwo ein schönes Nest. Nun waren wir frei und glücklich, wie es sein sollte.

S.

Weg B (Beispiellösung, Sicht des Fundevogels)
Als ich sehr klein war, muss ich wohl im Wald von einem Raubvogel fortgetragen worden sein, als meine Mutter kurz schlief. Ich war dann zusammen mit den Bussardjungen im Nest, bekam Raubvogelfutter, Federn, Fußkrallen und Flugtraining. Ich wurde halb Vogel, aber war auch Mensch. Meine Kräfte und meine Augen waren nicht so perfekt. Also fing mich eines Tages ein Förster bei der Jagd. Er nahm mich mit nach Hause, dort wohnten seine Frau und seine Tochter. Sie nannten mich Fundevogel und gaben mir Essen und ein Bett. Mir gefiel es, besonders mochte ich die Tochter, die nun fast meine Schwester war. Ich zeigte ihr, wie leicht das Fliegen geht, und wir spielten jeden Tag am Wald. Sie wurde immer schöner mit der Zeit, und ich wurde auch größer und stärker. Es ging uns gut. Nur die Mutter hasste mich wohl, sie hatte schlechte Wörter für mich und Schläge. Das war oft schlimm, ich beschloss, irgendwann zu fliehen. Zu meiner lieben Freundin aber sagte ich: „Wir wollen immer zusammen bleiben. Verlässt du mich nicht, verlass ich dich auch nicht!"
Dann waren die Wut und der Mut und unsere Flugkräfte groß genug. Früh am Morgen, als wir vielleicht 16 waren, verließen wir das Haus heimlich und sausten gen Himmel, über den Wald hinweg und gleich noch über den nächsten. Irgendwo bauten wir ein schönes Nest und richteten uns ein wie ein Paar, glücklich und ohne Sorgen.

Weg C (Beispiellösung)
Als sie am Morgen aufstanden, hatte das Töpfchen fleißig gekocht. Ein leckeres anatolisches Schmorgemüse war herausgequollen. Es duftete lecker und bedeckte den Rinnstein, die Treppe, ja war durch die Tür in die Küche gelangt. Es genügte nicht nur für die beiden Hungrigen, sondern machte an jenem Tag auch noch ein paar

Nachbarn und vor allem deren Kinder satt. Ein Zaubertopf! Das arme Mädchen hatte einen Zaubertopf gefunden! Die Mutter entschuldigte sich liebevoll und reumütig für ihre Wut. Nun hatte alle Not ein Ende und beinahe an jedem Nachmittag kamen Gäste. Das Töpfchen brodelte auf dem Herd ohne jedes Zutun, und ein fröhliches Schwatzen war bis durch die Gasse zu hören.

29 **Aufgabe 1** individuelle Lösung

Aufgabe 2 (Beispiellösung)
In den Ferien habe ich ROBINSON CRUSOE von Daniel Defoe gelesen. Es war eine Fassung für Kinder. Total spannend, manchmal gruselig. Ein schiffbrüchiger Seemann muss 30 Jahre allein (nicht ganz) auf einer einsamen Südseeinsel überleben. Die Geschichte ist schon 300 Jahre alt. Es gab gute Bilder im Buch, aber es hat fast 300 Seiten. Alles ist ausführlich beschrieben, ich konnte mir sein Leben richtig gut vorstellen, was er bauen muss, wie gefährlich die Natur sein kann. Würde ich das selbst hinkriegen? Hätte ein Mädchen oder eine Frau bessere Voraussetzungen? Ich kann den Roman echt allen empfehlen, die Abenteuer mögen!

Aufgabe 3 (Beispiellösung)
Zum Gespräch auf Seite 29: Lena hat miese Laune, sie ist vom Gewimmel und der Unruhe in ihrer Familie genervt.
Jenny vergleicht das mit dem gerade gelesenen Buch, das sie toll findet. Ein Mädchen hat viele Geschwister und findet niemals einen ruhigen Ort für sich.

30 **weiter Aufgabe 3** (Beispiellösung)
Zum Klappentext: In dem Buch GEFÄHRLICHE KANINCHEN tauschen Max und Leonie die Familien.

31 **Aufgabe 5** (Beispiellösung)
Wann? In Phase eins des Experiments, jeweils erster Besuch
Wo? Leonie ist bei Max, dann Max bei Leonie zu Hause.
Wer ist verwandt? Max und Eltern, Leonie und ihre Mutter sowie die fünf Geschwister Lukas, Lars, Larissa, Tristan und Georg

32 **Aufgabe 6** (Beispiellösung)
Was findet Max an Leonies Familie toll?
die mit einer Wasserpistole bewaffnete Mutter
die roten und stoppeligen Haare der Mutter von Leonie
dass diese ständig lacht, auch wenn etwas schiefgeht
die netten Brüder von Leonie
Was ist der Unterschied zwischen den beiden Familien?
bei Max zu Hause eher ruhig
alle lesen viel, interessieren sich wenig für Leonie als Gast
bei Leonie sehr lebendig und laut
viele Geschwister, Mutter lacht viel
alle machen viel zusammen, auch schubsen oder streicheln

Weg A (Beispiellösung)
Ich finde die Idee für diese Geschichte lustig und interessant. Ich glaube, ich würde sie ganz gern weiterlesen. Ich habe nur eine Schwester, manchmal ist das langweilig und ich überlege, ob mehr Geschwister besser sind. Die Brüder von Leonie scheinen meistens nett und sehr verschieden. Über sie möchte ich mehr erfahren. Die Zwillinge sind bestimmt besonders spannend, mit Zwillingen gibt es oft Spaß und Überraschungen.

33 **Weg B** (Beispiellösung)
Zuerst besucht Leonie das Zuhause von Max. Hier herrscht Ruhe, alle lesen und kümmern sich nicht um Leonie als Gast. Überall sind Bücher, das Haus ist groß und komfortabel. Max meint, seine Eltern müssen sich einfach an Leonie gewöhnen. Und dass das Zeit braucht. Leonie gefällt die Atmosphäre sehr.
Dann kommt Max mit zu Leonie. Da ist wohl nur die Mutter daheim. Und natürlich die fünf Geschwister. Alle wuseln durcheinander. Isa, die einzige Schwester, taucht auf, die Zwillinge, die anderen. Die Mutter sieht lustig aus und lacht viel, sie begrüßt Max gleich offen und herzlich, denn sie bespritzt ihn mit einer Wasserpistole. Aus Versehen? Alle sind viel zappeliger und lauter als Leonie. Max fühlt sich sofort wohl hier.
Dann fragen sich die beiden, ob sie bei der Geburt eventuell vertauscht wurden.

Weg C individuelle Lösung

Aufgabe 2 (Beispiellösung) S. 34
Es ist schönes Wetter, bis plötzlich ein großes Gewitter kommt. Riesendonner, Blitze, Regen, alles was dazugehört, gefährlich und gewaltig. Aber nach einer Stunde ist alles vorbei und der Himmel wird wieder blau.

Weg A S. 35
eine Strophe / 13 Reime (Zeilenpaare stehen untereinander)

Weg B (Beispiellösung)

	Was passiert?	Stimmung, Eindruck
Zeile 1	Himmel blau, Ruhe	friedlich, schöner Tag
Zeile 2 bis 6	(Gewitter nähert sich)	(Spannung steigt)
Zeile 7 bis 20	Gewitter startet und tobt	Lärm, Chaos, Gefahr
Zeile 21 bis 25	Gewitter zieht ab	Entspannung, Aufatmen
Zeile 26	Himmel blau, Ruhe	Überraschung, alles vorbei

Weg C (Beispiellösung)
Donnergebrülle: Es donnert laut wie brüllende Raubtiere.
Regenwand: Ein starker Regen ist undurchdringlich wie eine Wand.
Blitze tollen: Viele schnelle Blitze sehen im Zickzack aus wie beim wilden Tanz.

Aufgabe 1 (Beispiellösung) S. 36
Treppenhaus, Nachbar, Hausmeister, nett, freundlich, grüßen

Aufgabe 2

Nomen	Verben	Adjektive
die Straße, das Stockwerk	wohnen, besitzen	groß
das Haus, die Tür	treffen, helfen	hoch, weit
der Hof, der Park	schlafen, spielen	winzig, riesig
der Bruder, der Vater	gefallen	neu
die Schwester	aufräumen	alt
die Personen, die Mutter	essen	klein
die Familie, das Fenster		schön

Aufgabe 3 S. 37
Auf dem Handy sehe ich aber die ZEIT. Die SCHULE wurde in den Ferien renoviert. Das MUSIKZIMMER gefällt mir am besten. Heute Nachmittag pflanzen wir noch die TULPENZWIEBELN. In der PAUSE muss ich unbedingt mit Friederike sprechen.

Aufgabe 4
(von rechts nach links)
keine / die / Die / Das / die / in der

Aufgabe 5
Milo und der Weckerhund
Milo ist ein Junge, der sich langweilt. Eines Tages findet er ein Paket mit einer Landkarte. Mithilfe dieser Landkarte gelangt Milo in eine

fantastische Welt. Auf seiner Reise begleitet ihn der Weckerhund Tock. Zusammen erreichen sie die Wörterstadt.
Überall hört man die Rufe der Händler, die ihre Waren anpreisen. Milo und Tock wandern zwischen den Buden umher und bestaunen die große Auswahl von Wörtern. Da bieten Verkäufer Wörter für den täglichen Gebrauch und für besondere Gelegenheiten an. Auch die feierlichen Wörter fehlen nicht, die bei Staatsanlässen benutzt werden. Die Stimme eines Mannes dröhnt laut. Er bietet Luxuswörter von erster Qualität an. Ein anderer verkauft gleich ganze Tüten voll mit den unterschiedlichsten Wörtern.

Aufgabe 6
im Plural Händler, Waren, Buden, Wörter(n), Gelegenheiten, Staatsanlässe(n), Luxuswörter, Tüten, Wörter(n)
im Singular: alle anderen Nomen

S. 38
Aufgabe 7
weiblich (feminin): die Fantasie, die Note, die Maschine, die Laterne, die Klette, die Figur
sächlich (neutral): das Besteck, das Klima, das Brötchen, das Bett, das Brett, das Kälbchen
männlich (maskulin): der Keks, der Direktor, der Monat, der Haken, der Lebkuchen, der Käse, der Besen, der Balkon

Aufgabe 8
(von links nach rechts) … im November, von einem Thermometer, einem ausgiebigen Schauer, einen kleinen Schauer, Das Blatt wird vom Wind …, Wind zum … (ohne Artikel), Frost und Kälte (ohne Artikel)

S. 39
Aufgabe 9 Aussehen des Soms
der Knopf / die Augen – die Knopfaugen
der Haken / die Nase – die Hakennase
die Locke / die Mähne – die Lockenmähne
der Hase / die Zähne – die Hasenzähne
die Kugel / der Bauch – der Kugelbauch
Kleidung des Soms
die Wolle / die Hose – die Wollhose
die Hose / die Träger – die Hosenträger
der Rollkragen / der Pullover – der Rollkragenpullover
der Pudel / die Mütze – die Pudelmütze
der Regen / der Mantel – der Regenmantel
die Seide / der Schal – der Seidenschal

Aufgabe 10 individuelle Lösung

S. 40
Aufgabe 1 (Beispiellösung)
(gleichaltrige) / genauen / weißen / schwarzen / vielen / richtigen / gesamte / eigene / gleichstarke / letzten / aussichtslosen / wissenschaftlichen / großes / fleißiges / besondere / spannendes
Lösungswort: Schach

S. 41
Aufgabe 2
(von links nach rechts)
(großen) / leeren / bunten / ruhiger / vielen / wichtigste / geringeltem / Lösungswort: Mikado

Aufgabe 3
(von links nach rechts)
a – Eishockey – (rechteckigen) / blanken / gute / hölzernen / geschickten / oberen / schweren / stabile / schnellen / kleine / gegnerische /
b – Curling – 20 kg schweren / kreisförmigen / interessantes / jedem / gegenerischen / tiefen / leichten / kräftiges / speziellen

Aufgabe 4

Positiv	Komperativ	Superlativ
rechteckig	–	–
blank	blanker	am blankesten
gut	besser	am besten
hölzern	–	–
geschickt	geschickter	am geschicktesten
schwer	schwerer	am schwersten
stabil	stabiler	am stabilsten
schnell	schneller	am schnellsten
klein	kleiner	am kleinsten
gegnerisch	–	–

Aufgabe 5 (Beispiellösung)
Die Sprungschanze sieht echt steil aus.
Der Sprungturm ist höher als unser Haus.
Deine Schlittschuhe haben gar keine scharfen Kufen.
Unser Ruderboot ist am schnellsten.
Eine goldene Medaille hat sie noch nie gewonnen.
Ich glaube, dieses Schwimmbad ist neu.
Hast du irgendwo mein grünes Trikot gesehen?

S.
Aufgabe 2 (Beispiellösung)
Schüler einer Schule haben schon länger Stress mit dem Zustand ihrer Toiletten. Die sind immer wieder schmutzig und kaputt. Vorschläge wurden gesammelt, zum Beispiel die Vergabe der „Goldenen Klobürste". Die Schülervertetung bittet jetzt den Direktor um ein Gespräch.

Aufgabe 3
Ihnen / unserer / Sie / ihren / Ihre / ihren / unserer / Ihnen / unsere

S.
Aufgabe 4
In der Postkarte berichtet Pia vom schönen Wetter und sagt, dass es ihr im Urlaub gut geht. Sie fragt, wie es Carina, Janus und ihrem Hund geht und sagt, dass sie sich schon auf das Wiedersehen freut.

Aufgabe 5
euch, euch, ihm, er, eurem, euch, ihr, euch, euch, ihn, mir

Aufgabe 6 individuelle Lösung

S.
Aufgabe 7 (Er) / er / ihr / ihn / ihn

Aufgabe 8

	Singular 1. Person	Singular 2. Person	Singular 3. Person	Plural 1. Person
Wer? Was?	ich	du	er, sie, es	wir
Wem?	mir	dir	ihm, ihr, ihm	uns
Wen? Was?	mich	dich	ihn, sie, es	uns

Aufgabe 9
(von links nach rechts)
(Mein) / deine / meine / deine / unserer / eurer / Unsere / Meine / Meine / Ihr / ihren / deine / Deine

S.
Aufgabe 1 (Beispiellösung)
2. … neben der Post / 3. … gegenüber der Pizzeria am Herderplatz. / 4. … hinter dem Gesundheitszentrum. / 5. … vor der Schule. / 6. … an der Buchhandlung. / 7. … in der Ulmenallee. / 8. … neben dem Eiscafé. / 9. … gegenüber dem Kino.

47 **Aufgabe 2**
in die Schule / in das Schwimmbad / auf den Herderplatz / auf den Brocken / auf den Eiffelturm / durch den Tunnel / über die Brücke / in dem Fitnessstudio

Aufgabe 3
um / um / ab / ab / ab

Aufgabe 4
1. Worauf … 2. Wofür … 3. Wie lange … 4. Wie …? Lösungswort Freizeit

Aufgabe 5
1. in / 2. gegen / gegen / 3. in / 4. um / durch / 5. Nach / 6. auf / 7. ohne

48 **Aufgabe 1**
warten / begeistern / sehen / waschen / rennen / spielen / weinen

Aufgabe 2 (Beispiellösung)
trainieren, vorlesen, schreiben, basteln, joggen, lernen, einkaufen

Aufgabe 3 (Beispiellösung)
bauen, nehmen, bezahlen, bummeln

Aufgabe 4
die Kinder singen / meine Freundin singt / wir singen / der Vogel singt / ihr singt / du singst / ich singe

49 **Aufgabe 5**
können / sehen / sprechen / erschrecken / müssen / lesen / werfen / wollen / essen

Aufgabe 6 individuelle Lösung

Aufgabe 7
isst / sagt / essen / teilst / bekommt / sagt / hat / läuft / hält / schauen / sagt / weiß / wartet / verteilt

50 **Aufgabe 8**
(grüße) / muss / weißt / stehe / sage / ist / hört / schmiert / anmelde / habe / kichert / sieht / übe / geht / finde

Aufgabe 9
ist / sitzt / schreibt / muss / erfinden / klingelt / ruft an / steht auf / verlässt / kommt / verfolgt / fliegt / springt hinauf / hinunter / fängt / betritt / sieht / fällt ein / liegt

51 **Aufgabe 10**
Es war schon spät. Oliver saß am Computer und schrieb einen Text. Er musste zur nächsten Deutschstunde eine Geschichte erfinden. Plötzlich klingelte nebenan das Telefon. Wer rief da an? Er stand auf und verließ das Zimmer. In diesem Moment kam Kater Wanja aus seiner Ecke. Er verfolgte eine Fliege, die auf den Computer flog. Wanja sprang hinauf auf den Computertisch und wieder hinunter. Die Fliege fing er nicht. Als Oliver das Zimmer wieder betrat, sah er mit Entsetzen den dunklen, leeren Bildschirm. Gleich fiel ihm Wanja ein, der inzwischen wieder gemütlich in seiner Ecke lag …

Aufgabe 11 individuelle Lösung

52 **Aufgabe 12**
2 einkaufen / 3 unternahm / 4 abreisen / 5 entschied / 6 schlafen / 7 beschloss / 8 erhielt / 9 zogen / 10 schreibt /
Lösung: PAUSENBROT

Aufgabe 13

	Infinitiv	Präsens	Präteritum
A	schreien rufen bleiben schweigen	er schreit sie ruft er bleibt sie schweigt	er schrie sie rief er blieb sie schwieg
B	essen fließen vergessen verlassen gießen genießen schießen anfassen	sie isst er fließt er vergisst sie verlässt ich gieße wir genießen es schießt du fasst an	sie aß er floss er vergaß sie verließ ich goss wir genossen es schoss du fasstest an

S. 53 **Aufgabe 14** individuelle Lösung mit folgenden Verbformen
(ich) ging / riet / trank / fiel / schrieb / rief / schwieg / schlief / schrie / bekam / vergaß / entschied / fing an / stand / hob

Aufgabe 15
waagerecht: 1 – wusch – waschen / 2 sang – singen / 3 riet – raten / 4 nahm – nehmen / 5 lief – laufen / 6 kam – kommen / 7 trank – trinken / 8 hielt – halten
senkrecht: 9 traf – treffen / 10 stach – stechen / 11 fiel – fallen / 12 las – lesen / 13 ging – gehen / 14 brach – brechen / 15 sah – sehen

S. 54 **Aufgabe 16**
habe geträumt / bin aufgewachsen / haben kurzgehalten / bin hingegangen / bin gelaufen / habe zugesehen / gestiegen sind / mitgeflogen bin / habe vergessen / bin gewesen / hat mitgenommen / bin gewesen / habe geholfen / habe eingeholt / habe gemäht / ist entstanden
Beispiellösungen: ich wachse auf / ich gehe hin / ich sehe zu / ich helfe / ich hole ein / ich mähe

Aufgabe 17
Früher habe ich vom Segelfliegen geträumt.
Jeden Tag habe ich auf dem Flugplatz geholfen.
Dann habe ich bei meinem großen Bruder Flugstunden genommen.
Vor dem ersten Flug habe ich vor Aufregung gezittert.

S. 55 **Aufgabe 18**
2. haben … gefunden / 3. ist … gelaufen / 4. bin … gefahren / 5. haben … getroffen / 6. habe … ausgeliehen / 7. haben … gekauft / 8. haben … gegessen / 9. sind … gewesen / 10. habe … verloren / 11. bin … geflogen

Aufgabe 19 (Beispiellösung)
Zehn Tage lang habe ich meine Cousins auf der Insel Rügen besucht. Wir sind viel am Meer gewesen. Wir haben uns eine Bude aus Treibholz gebaut. Wir haben dort Piraten gespielt. Jeden Tag sind wir baden gegangen.

Aufgabe 20 (Beispiellösung)
Zehn Tage lang besuchte ich meine Cousins auf der Insel Rügen. Wir waren viel … Wir bauten uns … Wir spielten … Jeden Tag gingen wir baden.

S. 56 **Aufgabe 1**
Die meisten Wörter im Satz fangen mit dem gleichen Buchstaben an.
Beispiellösung: Norbert nimmt neuerdings die neuen Notenblätter aus Neuseeland.

Aufgabe 2 (Beispiellösung)

Subjekte	Prädikate	Objekte
Daniel	dressiert	dicke Dackel
Francoise	feiert	fröhliche Feste
Hermine	hilft	Henrik
Mohammad	mag	Moscheen
Zambo	zerschneidet	zehn Zitronen

S. 57

Aufgabe 3 und 4
setzt ... hin / schließt / atmet ... ein / führt / erlebt / bin ... aufgestanden / habe ... mich ... gefühlt

S. 58

Aufgabe 5 (Beispiellösung)
Der Lehrer erzählt heute den Kindern eine Geschichte.
Den Kindern erzählt der Lehrer heute eine Geschichte.
Den Kindern erzählt heute der Lehrer eine Geschichte.

Aufgabe 6
Subjekte: Jeder / euch / Der Spielleiter / ihr / ihr / ihr / ihr / jeder / der Spielleiter / Ihr / alle

Aufgabe 7
Objekte: jedem – Dativobjekt / das Wort – Akkusativobjekt / seinen Rhythmus – Akkusativobjekt / jedem Schüler – Dativobjekt / die Hand – Akk.-Objekt

Aufgabe 8 (Beispiellösungen)

Subjekt	Prädikat	Akkusativobjekt
Musiker	spielen	verschiedene Instrumente.
Die Ärztin	untersucht	die Patienten.
Der Friseur	kämmt	eure Haare.
Die Köchin	schneidet	Knoblauch.
Mechatroniker	reparieren	Autos und Motorräder.
Die Verkäuferin	zeigt	einige Jacken.
Der Kellner	bedient	die Gäste.

S. 59

Aufgabe 9

Subjekt	Prädikat	Dativobjekt
Der Aufschlag	gelingt	dem Tennisprofi.
Die Krankenschwester	hilft	der Patientin.
Die Stimmung im Saal	gefällt	den Rockmusikern.
Die Fußballfans	applaudieren	dem Torwart.
Der Dieb	entkommt	der Polizistin.

Aufgabe 10

Subjekt	Prädikat	Dativobjekt	Akkusativobjekt
Der Zahnarzt	zieht	dem Patienten	einen Weisheitszahn.
Die Kellnerin	serviert	dem Gast	eine Linsensuppe.
Der Pfleger	gibt	dem Kranken	ein Fieberthermometer.
Die Chefin	zeigt	dem Mitarbeiter	einen Beschwerdebrief.
Der Lehrer	erklärt	den Schülern	eine Matheaufgabe.

S. 60

Aufgabe 1
2. Fährst du gern Ski? 3. Fährst du gern Rad? 4. Spielst du gern Fußball?

Aufgabe 2
2. Wie alt bist du? 3. Was machst du gern? 4. Wo wohnst du? 5. Wer ist dein Freund? 6. Wofür interessierst du dich besonders? 7. Womit beschäftigst du dich am Wochenende? 8. Wem schreibst du manchmal eine Nachricht?

Aufgabe 3
(Beispiellösung)
Wann / Mit wem trainierst du normalerweise Handball?
Womit spielst du am liebsten? / Woher kommt deine Oma?

Aufgabe 4 individuelle Lösung

Aufgabe 5
Jana Ich finde es überflüssig, einen Klassen- oder Schulsprecher zu wählen. Diese Leute wollen sich doch nur wichtigmachen. Und wenn's hart auf hart kommt, halten sie doch nur zu den Lehrern.
Corinna Ich gehe in eine sehr große Schule mit über 1000 Schülern. Unser Klassensprecher hat öfter eine Versammlung. Und was er dort erfährt, teilt er uns sofort mit. Super!
Herr Grau Willst du wirklich auf dein Mitbestimmungsrecht verzichten? Was wäre die Schule ohne die gewählten Schülervertreter? Stell dir vor, dann könnten die Lehrer wirklich alle machen, was sie wollen!
Aber man muss ihnen auch sagen können, dass sie etwas nicht richtig machen.
Ali Jana hat völlig Recht. Ich finde auch, dass Klassensprecher nur die Chefs der Klasse sein wollen, um zu bestimmen.
Und bei großen Streitereien halten sie zu den Lehrern, um aufzufallen und gelobt zu werden.
Till Richtig, Jana! Klassensprecher sollte man abschaffen! Was die können, können wir schon lange! Unsere Klassensprecherin spricht immer nur für einige Schüler, meistens die Mädchen. Ist das bei euch genauso?
Ida Was meinst du, Jana, wer bei uns an der Schule Filmabende, Schuldiskos, die „Kulturarena" und Sporttage organisiert? Das machen der Schülersprecher und die SV.
Ich selbst bin Klassensprecherin und sage, wenn der Klasse etwas nicht passt.
Leon Überflüssig ist nur der falsche Klassensprecher.
Denn der richtige sollte eure Probleme, Sorgen und Wünsche an eure Lehrerinnen und Lehrer weitergeben und mit ihnen nach Lösungen suchen. Tut er das nicht, löst ihn ab! Wählt einen, der für euch kämpft!

Aufgabe 6
Verberstsatz: Willst du wirklich auf dein Mitbestimmungsrecht verzichten?
Verbzweitsatz: Jana hat völlig Recht.
Verbletztsatz: ..., dass sie etwas nicht richtig machen.

Aufgabe 7
Hereinspaziert, sehr verehrtes Publikum, kommen Sie und staunen Sie! Haben Sie gute Nerven Sie werden sie brauchen! Sehen Sie diesen jungen Mann! Schauen Sie ihn noch einmal genau an! Gleich werden Sie Ihren Augen nicht trauen. Ottokar, sind Sie bereit? Dann geht es jetzt los.

S.

Aufgabe 1
Ricardo blieb bis in die frühen Morgenstunden wach, da er einfach nicht aufhören konnte zu lesen.
Luise mag Bücher über Tiere und sie mag Bücher über Expeditionen.
Jara hört ein Hörbuch, während ihr Bruder lieber selbst ein Buch liest.
Timo kann die Menge an Büchern kaum fassen, als er das erste Mal in der großen Stadtbücherei steht.
Aaron stellt sich die Frage, ob die Menschen auch in fünfzig Jahren noch Bücher lesen werden.
Ich leihe dir mein Lieblingsbuch, wenn du mir dafür deines gibst.
Die Kinder im Kindergarten glauben, dass es Feen und Zauberer gibt.
Wir werden viele Bücher lesen, aber darunter werden auch einige langweilig sein.

63 **Aufgabe 3**
Marram … dass mir das Buch … Das lese ich …
Igor: … das leihe ich mir aus. … denken, dass es ein …
Daniele: Ich denke, dass das nichts für mich … Das hat sich …
Sandra: Das ist mir zu langweilig. … dass ich selbst Krimis …

Aufgabe 4
Kenan und Olli haben sich verkleidet, weil sie in ihrer Straße Süßigkeiten sammeln wollen. Als Kenan seine Monstermaske aufsetzt, erschrickt Olli zuerst sehr. Obwohl leider nicht viele Leute zu Hause sind, ist ihr Beutel schließlich prall gefüllt.

64 **Aufgabe 1 und 2**
2. Jan fragt: „Ja, was ist denn?"
3. Elena fragt: „Kannst du mir morgen das neue Buch mitbringen?"
4. Jan antwortet: „Na gut, ich habe es gerade durchgelesen."
5. Elena sagt: „Super, ich bin schon gespannt, wie es weitergeht."
6. Jan fordert: „Aber gib es mir dieses Mal gleich wieder, wenn du fertig bist."

Aufgabe 3 (Beispiellösung)
Schwester: „Ach Alex, kannst du denn nicht etwas leiser einstellen?" Alex erwidert: „Naja, ich muss aber hier laut arbeiten mit Werkzeug. Da höre ich ja sonst die Musik gar nicht!" Schwester: „Ach so, na wenn das so ist, dann geh ich lieber rüber zu Magdalena. Hier kriege ich Kopfweh." Alex darauf: „Gute Idee!"

Aufgabe 4
1. Esel, Fuchs, Löwe
2. Der Fuchs bietet dem Löwen den Esel zum Frass, damit er nicht selbst gefressen wird.
3. erst der Fuchs, dann der Esel

65 **Aufgabe 5** (Beispiellösung zur wörtlichen Rede, Rest individuell)
Der Fuchs bot dem Löwen an: „Ich liefere dir gern den Esel aus, wenn du mich dafür ungeschoren lässt."
Der Löwe ging scheinbar darauf ein: „Einverstanden!"
Dann sagte der Fuchs zum Esel: „Der Löwe lässt uns in Frieden weiterziehen. Er kennt auch einen guten Weg, den wir nun gemeinsam gehen sollen."

66 **Aufgabe 1**
die Gasse / die Hütte / das All / die Ratte / sie lassen / offen / der Schall

Aufgabe 2
Sonnenbrille, Donnerwetter, Nadelbaum, Szenen, Zauberer, Schlafwandeln, Roboter, Aufführung, Gabelbissen, Rolle, Körpersprache

Aufgabe 3
offene Silbe: Düne, Meter
geschlossene Silbe: Norden, Länder, Kiefern, Menschen

67 **Aufgabe 4**
den südlichen und den nördlichen Teil der Schweiz

Aufgabe 5 und 6
(erster Vokal dunkel, zweiter Vokal hell)
spa | ren, pla | nen, star | ten, Fel | sen, Fol | ge, Schla | fen, Sei | te

Aufgabe 7
(erster Vokal dunkel, zweiter Vokal hell)
offene erste Silbe: pla | nen / Sei | te / schla | fen
geschlossene erste Silbe: star | ten, Fel | sen, Fol | ge

Aufgabe 8 (erster Vokal dunkel, zweiter Vokal hell) **S. 68**

offene Silbe: pl a | n e n, Schl a | f e n, S ei | t e

geschlossene Silbe: st a r | t e n, F e l | s e n, F o l | g e

Aufgabe 9

offene Silbe: T ei | l e, l e | b e n

geschlossene Silbe: O r | t e, f i n | d e n

Aufgabe 10 (Beispiellösung) **S. 69**
Das 1912 untergegangene Schiff Titanic wurde 1985 auf dem Meeresboden entdeckt. Mit einer Tauchkapsel kann man für viel Geld hinabtauchen und sich das Wrack ansehen.

Aufgabe 11
(erster Vokal dunkel, zweiter Vokal hell)
Le | ben, Men | schen, Ei | sen, spä | ter, Tie | fe, stür | men, Lu | ke, Stun | den, dun | kel

Aufgabe 12
(erster Vokal dunkel, zweiter Vokal hell)

offene erste Silbe: Ei | s e n, sp ä | t e r, T ie | f e, L u | k e

geschlossene erste Silbe: M e | sch e n, st ü r | m e n, St u n | d e n, d u n | k e l

Aufgabe 13 **S. 70**
(erster Vokal dunkel, zweiter Vokal hell)
Mü | he, dro | hen, Rei | he, we | hen, glü | hen, se | hen, Hö | he, Nä | he

Aufgabe 14
(erster Vokal dunkel, zweiter Vokal hell)

M ü | h e, dr o | h e n, R ei | h e, w e | h e n, gl ü | h e n, s e | h e n, H ö | h e, N ä | h e

Aufgabe 15
(erster Vokal dunkel, zweiter Vokal hell)

H ü t | t e n, R a t | t e n, w i s | s e n

S. 71

Aufgabe 16

h ei ßen / D o se / dr au ßen

Gr ä ser / dr ei ßig / Pr ei se

Aufgabe 17 und 18

T ie re / w ie gen / t ie fer

Aufgabe 19

Gifte / vielen / finden / gingen / Lichtern / wilde / Tiere / Ziele / Hilfe / Beispiele / Schutzgebiete

S. 72

Aufgabe 1

Eidechsen verändern durch die Sonnenwärme ihre Körpertemperatur, sie werden dadurch beweglicher.
Sie wollen damit einen Angreifer täuschen und ihn mit dem zuckenden Schwanz ablenken.

Aufgabe 2

Waldränder – Rand, Laubwälder – Wald, Berghängen – Hang, Gewässer – Wasser, Sonnenwärme – warm, Nächten – Nacht, Sonnenplätze – Platz, verändern – anders, gefährlich – Gefahr, Schwänze – Schwanz, schwächer – schwach, wächst – wachsen, Länge – lang, Fällen – Fall, zusätzlich – Zusatz, tatsächlich – Sache

Aufgabe 3

häufig – Haufen, bräunlichen – braun, täuschen – Tausch, läuft – laufen

S. 73

Aufgabe 4

Berlin – Hunde sind die besten **Freunde** des Menschen. Sie sind **treu** und echte Familienmitglieder. Sie gelten **häufig** als schick. Manche Hunde nehmen sogar an Schönheitswettbewerben teil. Wer in der Großstadt lebt und von einem Hund **träumt**, sollte sich das **heutzutage** allerdings gut überlegen In einer Großstadt sind sehr viele Hunde unterwegs. Manche Hunde bellen daher ständig, statt **freundlich** an der Seite von Herrchen oder Frauchen Gassi zu gehen. Andere Hunde fühlen sich vor den Geschäften alleingelassen und **heulen**. Und was passiert, wenn so ein Vierbeiner unter **Bäumen** und **Sträuchern** sein Geschäft verrichtet? Hat sein Besitzer keinen **Beutel** dabei, um das ganze **wegzuräumen**, kann das richtig **teuer** werden. In New York muss man für so ein unbeseitigtes „**Häufchen**" im Schnitt 1000 Dollar Strafe zahlen. Das sind umgerechnet 910 **Euro**. Auch in **Deutschland** gibt es Bestrebungen, die Strafe für zurückgelassene Hunde**häufchen** von derzeit ca. 75 **Euro** zu erhöhen.

Aufgabe 5

schämen (die Scham) / Pendel / senken / Dämpfe (der Dampf) / Schwäne (der Schwan) / Rentner / Schelm / wälzen (die Walze) / verlädt (verladen) / schlenkern / glänzen (der Glanz) / grämen (gramvoll)

Aufgabe 6

Nicht abzuleiten sind: Dämmerung / räkeln / Ähre / Säule / kläffen / Krähe / sägen / Prägung / Knäuel / Säbel

Aufgabe 7

(von links nach rechts)
März / Herz / Pfeffer / Kläffer / Perle / Särge / Kräuter / Leute / heute / Häute / Krämpfe / Krempel / Schlächter / schlechter

S. 7

Aufgabe 1 (Beispiellösung)

1. gib es mir (geben), der Raub (rauben), das Kalb (Kälber), das Grab (Gräber), der Typ (Typen), das Sieb (sieben)
2. das Werk (Werke), die Burg (Burgen), der Zwerg (Zwerge), der Weg (Wege), das Werkzeug (Werken) (zeugen), der Schlag (schlagen)
3. der Hund (Hunde), leicht (leichter), laut (lauter), die Wand (Wände), bunt (bunter), gesund (gesünder), die Wut (wütend)

Aufgabe 2 (Beispiellösung)

Burgtor (Burgen), Krautsalat (Kräuter), Handwerker (Hände), Landschaft (Länder), Waldweg (Wälder), Goldsack (goldig), Rathaus (Räte), Radweg (Räder)

Aufgabe 3

Sonntagabend raubte ein 54-jähriger Einbrecher – der Polizei bereits bekannt – eine Wohnung am Stadtrand aus. Bei Mondlicht stieg er auf dem Rückweg in ein Taxi – in das falsche. Der Fahrer erkannte den Fahrgast. Er hatte einen Tag zuvor ein wertvolles Wandbild und Geld geraubt und wurde bereits gesucht. Die Polizei, die per Funk herbeigerufen wurde, nahm den Dieb fest.

S. 7

Aufgaben 5

b oder p?	d oder t?	g oder k?
gab – gaben	Mund – Münder	heilig – heilige
starb – starben	Fund – Funde	artig – artige
Typ – Typen	wird – werden	lag – lagen
Haut – Häute	Haut – Häute	stark – starken
	Zustand – Zustände	Berg – Berge
	Tausend – Tausende	gewagt – wagen
	Wand – Wände	

Aufgabe 6 (von links nach rechts)

der Klebstoff, das Loblied, der Lebkuchen, der Raubvogel, der Schreibtisch, der Schraubdeckel, die Habgier, der Staubsauger

Aufgabe 7

auf der Bergwiese liegen, das Flugzeug fliegt täglich nach Berlin, das richtige Werkzeug benutzen, ein kluger Hund, ein verträglicher Mensch

S. 7

Aufgabe 1

Der Mars lebt! Liebe Faschingsfreunde aus dem Universum!
Wir, die Außerirdischen aus der Galaxis der 5a, laden euch zu unserer Luxus-Faschingsparty ein. Sie soll am 26. Februar, 14.00 Uhr bis 18.00 Uhr im Lesesaal der See-Schule stattfinden.
1. Eingeladen sind: Alle Narren und Närrinnen aus den 5. Klassen sowie Hexen, Nixen, Feen und Theaterkünstler aus den 6. Klassen und außerdem auch sechs sympathische Erwachsene aus unserer Schule
2. Zu essen gibt es: Echsen-Kekse, Wachs-Krapfen, Fuchs-Plätzchen, Jux-Brote und andere exotische Köstlichkeiten
3. Zu trinken gibt es: Beeren-Tee, Meerwasser-Kaffee, Boxer-Limo, Schnee-Milch und andere Mix- und Murksgetränke

Aufgaben 2 und 3 (Seite 76 und 77)

Wörter mit aa / ee / oo	ks-Laut (chs / x / ks / gs / cks)	Wörter mit y / th / ph / qu
der Saal	die Hexe	das Theater
die Fee	die Nixe	sympathisch
die Beere	der Erwachsene	das Alphabet
das Meerwasser	die Echse	die Apotheke
der Tee	der Keks	das Quadrat
der Schnee	das Wachs	der Quark
das Beet	wechseln	die Strophe
das Paar	der Fuchs, der Ochse	

Wörter mit aa / ee / oo	ks-Laut (chs / x / ks / gs / cks)	Wörter mit y / th / ph / qu
die Waage	der Jux, der Luchs	
der Zoo	exotisch, die Praxis	
der Speer	der Boxer, tagsüber	
der Aal	der Murks, wachsen	
	der Mix, wechseln	
	die Achse, das Examen	

. 77

Aufgabe 4
der Vater, violett, das Veilchen, die Vase, die Villa, vorne, der Vulkan, feiern, der Fund, fleißig, viel, das Ferkel, finden, das Feuer, fliegen, fürchten, der Vampir, die Fabrik, das Vieh, der Floh, der Vogel

. 78

Aufgabe 5
Wörter mit Dehnungs-h (stummem h): berühmt, Bildröhre, umkehren, nahm, Aufbewahrung, ernähren

Aufgabe 6
Mahlzeit, Malbuch, Strom, Stroh, Zahnweh, Urwald, Uhrzeiger, Wahltag, Walfang

Aufgabe 7
(Dehnungs-h (stummes h) fett gedruckt)
Schreibmaschine, **Fahr**radhelm, Ölgemälde, Stadtplan, Winterstiefel, Rodelschlitten, **Rühr**schüssel, Korken**zieh**er, Wohnzimmergardine, Tigerfell, Müslischälchen, **Bohr**maschine, Blumenvase, Wollschal, Bilder**rah**men

. 79

Aufgabe 8
a, aa oder ah: Saal, Paar, schmaler, Mal, Vornamen, Familiennamen, malen, Stundenplan, Fahrt, Fahrrad, fahren, mahlen, Zahnschmerzen, haben, bezahlen
e, ee oder eh: schweres, Fehler, See, Schere, fehlen, Mehl, Lehrbuch, nachlesen, sehen
o, oo oder oh: Personen, Neubauwohnung, wohnen, Zoo, Boot, Ton, hohl, schonen, abholen, schon, Schonung
u oder uh: Stuhl, Blumen, Gutes, tun, Flur, Uhr, Schnur
ü oder üh: spülen, Blütenzweig, grün, Führung
ö oder öh / ä oder äh: Frisör, Fön, erwähnen, gähnen, stöhnen, Bären, Möhren, verwöhnen, Dröhnen, böse, stören

Aufgabe 9
Hai / Fleiß / Preis / Mais / Zeit / zwei / streiten / Saiten / Seiten

. 80

Aufgabe 2

männlich (maskulin)	weiblich (feminin)	sächlich (neutral)
der Winter	die Schneeflocke	das Fenster
der Rahmen	die Feder	das Ebenholz
der Schnee	die Nadel	das Schneewittchen
der Finger	die Königin	das Holz
der Tropfen		das Blut
		das Kind

. 81

Aufgabe 3 (Beispiellösung)
eine prächtige Burg – eine richtige, stolze, wehrhafte, eindrucksvolle …
eine enorme Menge (Geld) – eine große, unermessliche, gewaltige …
die einfachen Ritter – die armen, weniger reichen, mittellosen, normalen …
die überwiegende Mehrheit – die größere, große …
in einem bescheidenen Dorf – einem kleinen, armen, einfachen
die armen Bauern – die einfachen, mittellosen …

Aufgabe 5
die Merkmale, die Märchen (2x), die Formulierungen, der Anfang, der Schluss, der Beginn, die Hauptfiguren, das Haus, die Welt, die Wesen, die Kräfte, die Gestalten, das Ende, die Seite, die Märchen, die Hoffnung, das Glück, die Abenteuer, die Hindernisse

S. 82

Aufgabe 1
das Kaninchen / das Rentier / der Tiger / die Apotheke / der Rhythmus / ziemlich / vorwärts / das Theater

Aufgabe 2 (Beispiellösung)
der Affe – affig, Affenart, Affentheater, Affengehege, Affenliebe
die Spinne – spinnen, Spinnenbein, Spinnennetz, Spinnweben, Gespinst
die Schlange – schlängeln, Warteschlange, Schlangenhaut, Giftschlange

S. 83

Aufgabe 3
Alligator, Biber, Dromedar, Gepard, Leopard, Panda, Ringelnatter, Schildkröte – Lösungswort: Tierpark

Aufgabe 4
b keine Trennung für ABEND, c gewunken, d gesunken, e der oder das, f die Entführung, die Endstation, g die Katastrophe, h Globen, i wir fuhren, j die Fledermaus, k sie erschreckt, l beide Schreibweisen möglich, m trotz des schlechten Wetters

S. 84

Aufgabe 1
Am besten nur trennen, wenn es überhaupt keinen Platz mehr am Ende der Zeile gibt.

Aufgabe 2
Schul-ta-sche / Dru-cker / knusp-rig / Früh-stücks-ei / krat-zen / kämp-fen / Han-dy-hül-le / Ana-nas / Ka-len-der

Aufgabe 3
Knä-cke-brot-krü-mel / Tro-cken-früch-te / Wa-ckel-pud-ding / Ka-kao-pul-ver / Fisch-stäb-chen / Blut-oran-gen-eis / Men-thol-bon-bons / As-tro-nau-ten-kost

S. 85

Aufgabe 4 (Beispiellösung)
Chemie, Mathematik, Unterricht, Schülersprecher, Arbeitsprogramm, Rhabarber

Aufgabe 5
Schul-kinder / un-sicher / be-inhalten / Bä-ckerei / Wach-stube / Aus-sendung / Stief-eltern / Schwimm-ente / Spar-gelder

Aufgabe 6
Ab-wechslung / Mahl-zeit / son-dern / Ge-würzen / ver-steckten

Aufgabe 7
Esst im-mer so na-tür-lich wie mög-lich.
Er-nährt euch stets mit viel Ab-wechs-lung. Kaut aus-gie-big und genießt die Mahl-zeit. Esst nicht zu stark ge-sal-zen, son-dern würzt mit Kräu-tern und Ge-wür-zen. Ach-tet un-be-dingt auch auf die ver-steck-ten Fet-te.

S. 86
KA 1

Aufgabe 1 (Beispiellösung)
Einleitung: Wer? Helena und ihre Freunde (3) / Wie? erschrocken, aufgeregt / Wo? vor dem Museum, in ihrer Stadt / Wann? um Mitternacht, bei Vollmond / Was? bleiben stehen
Hauptteil: Was machen sie? Sie wollen nachschauen, wann das Museum am nächsten Tag geöffnet ist. Sie müssen es dringend besuchen und ein Geheimnis lüften

Was passiert? Vollmond scheint, Wolken ziehen schnell, gruselige Nacht, aber Tor zum Garten ist offen
Erzählschritte (1) schleichen im Garten, leuchten mit Taschenlampe, haben etwas Angst (2) Katze schreit plötzlich, Kinder erstarren, Licht beim Hausmeister geht an (3) Kinder laufen weg, Hausmeister kommt zur Haustür und schaut raus
Schluss: Kinder verschnaufen hinter der Mauer, Helena schlägt vor, im Internet nachzugucken, Abschied bis zum Morgen (gutes Ende)

S. 87

Aufgaben 2 und 3 individuelle Lösung

S. 88
KA 2

Aufgabe 1 (Beispiellösung)
Montagabend – allein zu Hause – Bettdecke über dem Kopf – Buch „Gruseltiere" – Geräusche im Badezimmer – zitternd – unter der Decke hervorschauen – gähnen – sanftes Klopfen – lauschen – flackernder Lichtschein – Geräusche – Stille – summende Melodien im Hintergrund – Schatten an der Tür …

Aufgabe 2
Einleitung Fabian war am Montagabend wieder mal allein zu Hause, denn seine Eltern wollten ins Theater. Er las unter der Bettdecke ein Gruselbuch. Plötzlich hörte er …

Aufgabe 3 und 4 (Seite 88 und 89) individuelle Lösung

S. 89

Aufgabe 5 (Beispiellösung)
Überschrift SPUK IM BAD

Aufgaben 6 und 7 individuelle Lösung

S. 91
KA 3

Aufgabe 1 und 2 (Beispiellösung)
Form des Schlägers: etwa einen Meter lang, wie ein Kescher, Kunststoff oder Holz, leicht und gut zu schwingen
Ball: nur 7 cm Durchmesser, Gummi, springt wahrscheinlich gut
Spielaktionen: Schnelligkeit und Stärke wichtig, Ball einfangen braucht Geschick, kämpferische Aktion hilfreich …

Aufgabe 3 individuelle Lösung

S. 92
KA 4

Aufgabe 1 (Beispiellösung)
Klasse will Museum besuchen, Öffnungszeiten erfragen, Eintritt für Schüler erfragen, Gruppenführung versuchen, Cafetería oder Imbiss im Haus?

Aufgabe 2 (Beispiellösung)
Sehr geehrte Museumsleitung,
wir sind die Klasse 5c der Störtebeker-Hauptschule. Am kommenden Montag möchten wir gern Ihr Haus besuchen. Wir haben einen weiten Weg mit der Bahn, wie sind Ihre genauen Öffnungszeiten am Montag? Außerdem möchten wir gern Ihren Eintrittspreis für eine Schülergruppe wissen. Könnten Sie uns eventuell auch eine Führung anbieten? Zum Schluß interessiert uns, ob es im Haus ein Café oder ein Restaurant gibt.
Wir bitten Sie um rasche Antwort.
Mit freundlichen Grüßen
alle Schüler der 5c

S. 93

Aufgaben 3 und 4 individuelle Lösung

S. 94
KA 5

Aufgabe 1 (Beispiellösung)
Natur, Wildnis, Raubtiere in Europa

Aufgabe 2 (Beispiellösung)
gefährlich, selten, Raubtiere in Gruppen oder allein, waren fast ausgestorben in Deutschland oder Europa, verwandt mit dem Hund zu Hause

Aufgabe 4 individuelle Lösung

S. 9

Aufgabe 5
Aussagen 1 und 4 sind richtig (Nordamerika, Hetzjäger)

Aufgabe 6
2: Jeder Wolf hat im Rudel seinen Platz, einen bestimmten Rang.
3: Über weite Entfernungen verständigen sie sich durch Heulen.
5: Die Jungen werden zwei Monate gesäugt.

Aufgabe 7
Rangfolge: Im Rudel steht der Leitwolf an der Spitze, dann folgt die Leitwölfin. Die anderen Wölfe ordnen sich ihnen unter.
Streitigkeiten: Wölfe klären ihre Streitigkeiten durch Knurren und Drohen.
Nachwuchs: Die ranghöchste Wölfin bringt im Jahr vier bis sechs Junge zur Welt.

S. 9
KA 6

Aufgabe 1 (Beispiellösung)
Im Haus der Geißlein – Mutter geht in den Wald, sie warnt vor dem Wolf
An der Haustür – Wolf klopft, Geißlein erkennen seine Stimme
Im Dorf (?) – Wolf kauft Kreide und frisst sie
An der Haustür – Wolf spricht mit hoher Stimme, klingt wie Mutter, aber dunkle Tatze verrät den Wolf – Geißlein öffnen nicht
Beim Müller – Mehl auf die Pfote des Wolfs
An der Haustür – helle Stimme und weiße Pfote – Geißlein denken, dass Mutter kommt, aber es ist der Wolf
Im Haus – alle verstecken sich, aber er findet und frisst sechs von sieben Geißlein
Auf der Wiese – Wolf schläft mit vollem Bauch
Im Haus – Mutter zurück, findet nur kleinstes Geißlein, das erzählt alles
Auf der Wiese – Wolf schläft noch, Kinder zappeln im Bauch
im Haus – kleinstes Kind holt Schere und Zwirn und Nadel
Auf der Wiese – Mutter Geiß befreit alle Kinder, packt Wackersteine dafür rein, näht den Wolfsbauch zu, alle rennen weg
Am Brunnen – Wolf schleppt sich, hat Durst, Steine zu schwer, plumpst rein und ertrinkt

S. 9

Aufgabe 2 (Beispiellösung)
magische Zahl Sieben, Tiere können sprechen und denken und fühlen, das kleinste Geißlein hat am meisten Glück, Wolf ist grausam und gefährlich, böser Wolf bekommt schlimme Strafe, Ende gut – alles gut

Aufgabe 3 (Beispiellösung)
Die Stimme wird durch Kreide fressen der Ziegenstimme ähnlich. Die Tatze sieht mit Mehl beschmiert aus wie die Pfote der Ziegenmutter.

Aufgabe 4 individuelle Lösung

S. 9
TEST

Aufgabe 1

Nomen	Verb	Adjektiv
Frühling	rodeln	weiß
Sommer	frieren	braun
Jahreszeit	blühen	grün
Winter	ernten	glatt
Herbst	baden	kalt

Aufgabe 2

bestimmter Artikel	unbestimmter Artikel	Nomen im Singular	Nomen im Plural
das	ein	Meer	Meere
die	eine	Muschel	Muscheln
die	eine	Düne	Dünen
der	ein	Strand	Strände

Aufgabe 3
Nominativ: Ein Hund bellt laut. Wer bellt laut?
Dativ: Das Blumenbeet gefällt dem Großvater. Wem gefällt das Blumenbeet?
Die Sonnenbrille gehört der Rektorin. Wem gehört die Sonnenbrille?
Akkusativ: Klaus kauft einen Hammer. Was kauft Klaus?
Die Mutter ruft das Kind. Wen ruft die Mutter?

99 **Aufgabe 4**
giftig / königlicher / hungrig / durstig / gegensätzlich / unendlich

Aufgabe 5

Positiv	Komparativ	Superlativ
schnell	schneller	am schnellsten
gut	besser	am besten
klein	kleiner	am kleinsten
tief	tiefer	am tiefsten

Aufgabe 6
euch / mir / wir / uns / euch / ihr / euren / euer / ihm / ihn / er / eurer

100 **Aufgabe 1**
T 2 über / in / neben / unter / auf dem Schiff

Aufgabe 2 (Beispiellösung)
Worüber sprechen Katja und Tim in der Pause?
Sie sprechen über die nächste Geburtstagsfeier.
Worauf freut sich Max die ganze Woche?
Er freut sich auf das Fußballspiel am Samstag.

Aufgabe 3
1. schwimmen, 2. tauchen, 3. fahren, 4. schnorcheln, 5. entdecken, 6. reisen, 7. sinken, 8. sein

Aufgabe 4
1. ich schlafe 2. du träumst 3. sie wacht auf 4. wir frühstücken 5. ihr trinkt 6. sie lachen

101 **Aufgabe 5**
Der Clown malt… / Der Vater spült… / Der Junge isst… / Die Kinder rennen… / Die Mutter ruft aus… / Das Mädchen denkt an…

Aufgabe 6
Der Clown malte… / Der Vater spülte… / Der Junge aß… / Die Kinder rannten… / Die Mutter rief aus… / Das Mädchen dachte an…

Aufgabe 7
1. ich habe gewartet, 2. du bist gegangen, 3. Siggi und Tina sind geschwommen, 4. ihr habt gesetzt, 5. wir sind geglitten

Aufgabe 8

Infinitiv	Präsens	Präteritum	Perfekt
schreien	er schreit	er schrie	er hat geschrien
rufen	sie ruft	sie rief	sie hat gerufen
bleiben	es bleibt	es blieb	es ist geblieben
schweigen	sie schweigt	sie schwieg	sie hat geschwiegen
genießen	er genießt	er genoss	er hat genossen
vergessen	sie vergisst	sie vergaß	sie hat vergessen
denken	er denkt	er dachte	er hat gedacht

Aufgabe 1 S. 102
Subjekt fett, *Objekt kursiv*, Prädikat unterstrichen TEST 3
Wendy und Mattes haben *einen Brief* bekommen. Jetzt sind **sie** sauer. Ausgerechnet in den Ferien sollen **sie** *ihre Tante Antonia* besuchen. **Die Tante** braucht *ihre Hilfe*. **Tantes Hund Derrick** spielt *eine wichtige Rolle*. **Er** hat leider *etwas Wichtiges* zerrissen. Aber *die ganze Geschichte* verrät **die Tante** noch nicht. **Der Brief** klingt seltsam. Können **die Kinder** *ihrer Tante* glauben? Früher hat **Tante Antonia** *den beiden* schon so oft *Rätsel und Gruselmärchen* erzählt. Aber **Wendy und Mattes** wünschen sich auch *ein Abenteuer*. **Sie** entscheiden sich *für die Reise*. **Diese Mission** könnte doch auch *Spaß* machen. **Das Geheimnis** macht *ihnen keine Angst*, aber *große Neugier*.

Aufgabe 2 (Beispiellösung)
Die Kinder haben einen Brief bekommen. Jetzt sind die Geschwister sauer. Ausgerechnet in den Ferien sollen Wendy und Mattes ihre Tante Antonia besuchen. Die Verwandte braucht ihre Hilfe.

Aufgabe 3
a Wendy und Mattes verbringen die Ferien bei ihrer Tante Antonia.
b Die Tante liebt ihren Hund Derrick.
c Derrick tollt oft im Haus und Garten herum.
d Die Kinder begrüßen den Hund und rennen mit ihm hinaus.

Aufgabe 4
a Tante Antonia kauft im Supermarkt Hundefutter.
b Derrick gehorcht den Kindern.
c Die Kinder helfen der Tante beim Kochen.
d Sie sehen den Fuchs durch den Garten schleichen.

Aufgabe 5 (Beispiellösung) S. 103
Fragesätze: Was denkt ihr, sind neue Feiertage nötig? – Sollten alle Kinder auch an einem muslimischen Feiertag schulfrei haben? – Und was ist mit den jüdischen Festen? – Schulfrei am Zuckerfest oder Versöhnungsfest oder sogar an beiden Tagen?
Ausrufesätze: „Na klar!“, meint Oli, der die fünfte Klasse besucht. – Auch wenn die Erwachsenen vielleicht anderer Meinung sind, für die Kinder steht fest: „Man muss die Feste feiern, wie sie fallen!“

Aufgabe 6
Habt ihr Appetit auf Mumien? Los geht's!
Ihr schneidet Pizzateig in Streifen und wickelt sie um Würstchen. Einen Streifen klebt ihr längs und oben lasst ihr einen Sehschlitz für die Augen frei. Dann ab in den Ofen! Bei den ausgekühlten Mumien klebt ihr mit etwas Ketchup die Augen in den Sehschlitz. Guten Appetit!

Aufgabe 7
a Buddhisten brauchen auch einen Feiertag in der Schule.
b Sprecht in der Schule über die verschiedenen Bräuche!
c Sind mehr schulfreie Tage nötig?

Aufgabe 8
„Oma, die Trommel war das schönste Weihnachtsgeschenk!“ „Ach, wirklich?“, freut sich Oma. „Ja, Mama gibt mir jeden Tag einen Euro, damit ich aufhöre, zu spielen.“
b Oma zu Anni: „Wünsche dir zu Weihnachten doch ein schönes Buch!“ „Gut, dann wünsche ich mir dein Sparbuch.“

S. 104
TEST 4

Aufgabe 1
A Ob Geburtstag, Halloween, oder Karneval: Feiern macht jedem Spaß.
B Man benötigt jede Menge Leckereien, ein ausgefallenes Kostüm, und ein bisschen gute Laune.
C Weil es eine Schatzsuche, und Preise geben soll, müssen wir einiges vorbereiten.
D Außerdem wichtig für eine gelungene Party sind ein bunt, geschmückter Raum, ausreichend, vorhandenes Geschirr, und natürlich Musik, und Spielideen.

Aufgabe 2
Lieber Lars, kannst du für mich noch einige Sachen besorgen? Ich brauche: Eier, Sahne, Mehl, Glasur und Lebensmittelfarbe, eine große Packung Schokoküsse, bunte Ballons oder eine Girlande und 11 Kerzen!

Aufgabe 3
dass / damit / da / indem / Weil

Aufgabe 4
Die Kinder werden etwas finden, denn sie gehen planvoll vor.
Das Haus ist ziemlich groß, aber sie teilen sich die Zimmer auf.
Sie entdecken den Geheimcode, und sie finden den Notizblock.
Es gab keine Gefahr für Beppo, sondern es ist ein Spiel.
Sollen sie nur mitmachen oder sollen sie selbst das Spiel bestimmen?

S. 105

Aufgabe 5
wörtliche Rede unterstrichen / **Begleitsatz fett**
a „Erik", **fragt Anna**, „kommst du mit?"
b „Wir müssen los, wenn wir nicht zu spät kommen wollen!"
c **Erik brummelt**: „Ich hab' keine Lust!"
d „Außerdem bin ich müde."
e „Du bist so gemein! Immer lässt du mich im Stich!", **schimpft Anna**.
f „Warum musst du ausgerechnet zum Fasching schlechte Laune haben?"
g „Das", **raunt Erik**, „geht dich gar nichts an."

Aufgabe 6
Ein Mann kam an einer Schlange vorbei, auf die ein großer Stein gefallen war. Die Schlange flehte: „Hilf mir doch bitte. Ich werde sonst sterben." Der Mann hob den Stein auf und die befreite Schlange wollte ihn beißen. „Halt!", rief da der Mann, „Lass uns erst zu klugen Leuten gehen." Sie trafen den Schakal. Nachdem er die Geschichte erfahren hatte, meinte er: „Ich kann mir gar nicht vorstellen, dass so eine Schlange unter einem großen Stein nicht mehr herauskommt." „Ich kann euch nur einen Rat geben", erklärte er, „wenn ich es selber sehe." So beschlossen sie, an die Stelle zurückzukehren. Als der Mann die Schlange dann mit dem großen Stein bedeckt hatte, riet der Schakal: „Lass sie liegen. Sie wollte dich ja beißen. Soll sie doch allein rauskommen."

S. 106
TEST 5

Aufgabe 2
erster Vokal fett, zweiter Vokal unterstrichen
Rei| se, **Na**| se, **hei**| ße, **So**| ße, **sto**| ßen, **gro**| ßen, **Ha**| sen, **gie**| ßen

Aufgabe 3
Nächten – schläft – täglich – träumt – hält – mehr – Eisenäxten – Händen – läuft – Freund – Wälder – Umgebung – Bäume – Endlich – gefällt – mächtige – fällen – Äste – Feuerstelle – Ende – säubern – Abenteuer – ängstlich – schwer – steuern – kräftig – hält – jeder

Aufgabe 4
defekt, Bank, Brand, Dieb, Werkzeug, halb

Aufgabe 5
Abend – bat – häufig – Dieb – schlug – Hand – zog – Angst – gruselig – ängstlich – lustig – fand – blöd

Aufgabe 6
Heute Nachmittag bin ich in unserer Nähe mit einem Heißluftballon gefahren.
Bevor wir starteten, rollte der Pilot die Hülle des Ballons aus. Mit einem Gebläse füllte er sie mit erwärmter Luft, sodass sich der Ballon erhob.
Als er aufrecht stand, konnten wir in den Korb klettern. Nun bewegte sich der Ballon langsam in die Höhe. Schon nach wenigen Minuten befand er sich über Wald und Feld. Wenn er sank, gab der Pilot gleich stark Gas. Gemütlich flog der Ballon über das herbstlich bunte Land.
Was für ein Blick auf die Welt unter uns! Meine Schwester erspähte mit ihrem Adlerauge sogar unsere Heimatstadt in der Ferne. Von oben sah diese richtig hübsch aus. Plötzlich zog der Pilot an einem Seil. Nun ging es hinab. Bei der Landung erlebten wir eine Überraschung, denn der Korb schlug um. Da kippte die ganze Truppe auf die Erde.

S. 1
TEST

Aufgabe 1
Igel – eine – „Sie" – ihn – Sabine – Sabine – hinfälligen – rief – wir – ihn – Apfelsinen – Dir – vielleicht – ihr – Ihm – ihr – ihren – Sabine – viele – Kilo – Sabine – wiegen

Aufgabe 2
Hahn – Zähne – Bahnhof – Strahlen – Verkehr – Zahlen – Fahne – Jahr

Aufgabe 3
langer Vokal vor s-Laut: Strauß, Straße, Fuß
kurzer Vokal vor s-Laut: Kissen, Schüssel, Tasse

Aufgabe 4
meisten – Flusspferde – massigen – großen – spaßig – heiß – meist – Nass – Wasserpflanzen – verlassen – Gewässer – außerhalb – Spaß

S. 1

Aufgabe 5
besucht – Veranstalter – Bustickets – Spiele – erfinden – Zuschauer – Einkaufen – Spaß – Umsatz

Aufgabe 6
Himbeere, Ruderboot, Haarbürste, Kleeblatt, Liebespaar, Märchenfee, Ballsaal, Speerwurf, Briefwaage, Staatsmann, Seerose, Teekanne, Schneemann, Moosgrün

Aufgabe 7
Kaninchen, Kakadu, Antilope, Bison, Fledermaus, Nashorn